|心理健康手边书|

如何做父母

小学生家长的心理必修课

胡 谊　季卫东 —— 主编

周 隽 —— 著　何瑾洁 —— 插图

上海科学技术文献出版社
Shanghai Scientific and Technological Literature Press

图书在版编目（CIP）数据

如何做父母：小学生家长的心理必修课 / 周隽著.
—上海：上海科学技术文献出版社，2023
 ISBN 978-7-5439-8753-1

Ⅰ.①如… Ⅱ.①周… Ⅲ.①小学生—心理健康—家庭教育 Ⅳ.① G444 ② G782

中国国家版本馆CIP数据核字（2023）第054651号

选题策划：张　树
责任编辑：王　珺
封面设计：留白文化

如何做父母：小学生家长的心理必修课
RUHE ZUO FUMU：XIAOXUESHENG JIAZHANG DE XINLI BIXIUKE
胡谊　季卫东　主编　　周隽　著　何瑾洁　插图
出版发行：上海科学技术文献出版社
地　　址：上海市长乐路746号
邮政编码：200040
经　　销：全国新华书店
印　　刷：商务印书馆上海印刷有限公司
开　　本：787mm×1092mm　1/32
印　　张：8.125
字　　数：148 000
版　　次：2023年4月第1版　2023年4月第1次印刷
书　　号：ISBN 978-7-5439-8753-1
定　　价：35.00元
http://www.sstlp.com

编委会

丛书主编：胡　谊　季卫东

丛书编委（按姓氏笔画排序）：

　　刘俊升　华东师范大学教授

　　李春波　上海市精神卫生中心主任医师

　　杨向东　华东师范大学教授

　　季卫东　华东师范大学附属精神卫生中心主任医师

　　胡　谊　华东师范大学教授

　　祝卓宏　中国科学院心理研究所教授

　　席居哲　华东师范大学教授

前言

2020年10月，我无意中翻开一个本子，发现里面记录了一些儿子小时候的事情。不少事情我已然不记得，感谢当年的上心，让如今儿子已快14岁的老母亲和那时孩子还不到4岁的新手妈妈有了一次遇见。

2011.1.11

放学回到家，带然儿去洗手。在洗脸台旁边，然儿抬起头，看着我，说了一句话："妈妈，你怎么这么辛苦啊？"听到这话，我心里是又开心又感动，不到四岁的然儿已经能领会到"辛苦"的含义并用来心疼他的妈妈，做妈的心里温暖极了，所有的辛苦都烟消云散。我接着他的话："是啊，妈妈很辛苦，那么你准备怎么让妈妈不辛苦呢？""我要乖乖的，哪有小猫咪让猫妈妈生气的呢？"

> 然儿很喜欢猫，常说"我是小猫咪，你是猫妈妈，他是猫爸爸"，我就借用"小猫咪从来不让猫妈妈生气"来引导他。没想到他牢记在心，还用得恰到好处。

再次回到这个情境，看到自己对他"妈妈，你怎么这么辛苦啊？"的回应，看到自己所谓"借用小猫咪不让猫妈妈生气"的"引导"，我不知道当时是随口一说的玩笑还是真实的期望，我只觉得，那时的我，真的还是太年轻。

在孩子的成长过程中，我们一定会遇到各种各样的问题，也会有不少磕磕碰碰。如果我们总想着如何把孩子教育得更好，就会一直盯着孩子，不自觉地对孩子有很多要求。当孩子达不到要求时，我们就可能在失望、焦虑、烦躁、愤怒等负性情绪的推动下，说出一些不恰当的话语，采取一些不恰当甚至错误的行为，亲子关系就会变得紧张、疏离甚至对抗。

如果我们反观自己，多想想如何让自己成为一个合格或者更好的家长，我们就会逼迫自己努力学习，动脑筋和孩子一起面对发展过程中遇到的各种问题，寻找温和而有效的解决方案，家庭氛围则会更轻松、和谐、健康。

当然，在实际的生活中，我们很容易不自觉地又回到想去教育孩子的状态，所以我们记得多提醒自己，父母的自我修行，是孩子最好的榜样。如果我们几十岁的成年人都觉得改变自己很难，我们怎么好意思"以父母之名"，去要求几岁十几岁的孩子比我们更快地做出改变呢？

感谢华东师范大学胡谊教授的推荐，让我有机会和大家聊聊"亲子共成长"的话题。本书分为两部分：第一部分是"我 觉察 看见"。觉察带来选择的可能，选择带来改变的可能。通过觉察，大家能更多地了解自己，看见家庭亲子关系中的互动模式，从而有新的思考、选择和改变。第二部分是"我们 陪伴 成长"。我们讨论了一些亲子互动的话题，设计了一些亲子活动，通过更加积极的陪伴和言传身教，与孩子共同成长。书中所写并不能涵盖我们遇到的所有问题，探讨也非面面俱到，但当我们愿意修炼"内功"，用觉察的心去看见自己和孩子，用陪伴的心去和孩子共同成长时，有一些问题也不再是问题了，所谓"看见即疗愈"。

让我们一起：

向内思考，向外探寻；
向下扎根，向上生长。

周隽

2022年7月

目 录

前 言

我 觉察 看见

如果家长有资格考 … 002

爱自己是终身浪漫的开始 … 011

父母之爱子,则为之计深远 … 019

看见孩子 … 034

认知的"盲点" … 049

内在的PAC … 058

我的思维模式 … 071

与情共舞 … 081

"焦"还是"虑" … 099

压力之下,弹性之上 … 111

我们 陪伴 成长

向下扎根,向上生长——从"陪"到"培" ··· 122

如果我家是个"动物园"——我们眼中的家人 ··· 137

情绪,情绪,你是谁——认识情绪的 N 种办法 ··· 145

我要踢死他——做孩子的情绪教练 ··· 154

我可以更懂你——和谐的亲子沟通 ··· 168

你摔疼了吗——批评有"方" ··· 188

学习的智慧——学亦有"道" ··· 202

和"拖拉"说再见——理解孩子的"慢" ··· 214

我想和 ta 结婚——与孩子谈"情"说"爱" ··· 224

我从哪里来——谈性不色变 ··· 232

后 记

我　觉察　看见

向内思考　向外探寻

如果家长有资格考

假如孩子有选择出生的权利,他们愿意来到我们这个家吗?

假如我们定期有父母资格测验和考试,我们的得分会是多少呢?

《假如婴儿拥有选择出生的权利》

几年前,"网易有道词典"曾经拍过一则短片:《假如婴儿拥有选择出生的权利》。短片脑洞大开地创造了可以测试小孩"出生意愿值"的仪器,产房即是考场,把是否要出生的权利交给了孩子——"出生意愿值"就是孩子对准父母的考试评分,意愿值达到100,孩子就可以生出来了,意愿值不高的孩子可以选择不出生。

产房里，一位准妈妈痛苦地叫着，但是孩子的出生意愿值只有20。

大家都束手无策的时候，准爸爸小心翼翼开口了："宝贝，我是你爸。"话一出口，准爸爸马上意识到自己的表达欠妥，立马改口："不对，我能有幸成为你的爸爸吗？"

意愿值开始上升，护士催促准爸爸继续说话。

准爸爸开始紧张展示已经取得的为人父母的各种资格——

"经过一年的996，爸爸已经从P6升到了P8，下一个三年，争取P9，成为公司的腰部力量。"

"不沾烟酒，不玩游戏，下班就奔家，每天陪你亲子互动。"

"你妈妈也挺不容易的，整整一年没有喝奶茶了。"

意愿值继续上升，已经超过50，护士叫准爸爸加油。

"虽然我们是新手爸妈，但是为了迎接你，让你来得踏实，我们考取了新手家长合格证书、新东方厨艺毕业证书、钢琴十级证书，让你吃得也香，还能伴着琴声入睡。"

"我和你妈妈已经两年没吵过架了。"

"为了让你从小有私人空间，我们特地买了一套三居室。虽然在五环外，有点远，也不是什么学区房，但是呢，我们已经帮你安排得妥妥当当。"

这时，意愿值已经超过了90，直奔100而去。

准爸爸的神情从一开始的小心翼翼变得眉飞色舞：

"三岁加入国际知名幼教课程，四岁进入一对一专业母语启蒙课,五岁,请私人外教给你上英语课,一周五天怎么样?绝对能赢在起跑线上!"

正当准爸爸意气风发、挥斥方遒时,已经到了99的意愿值直线下降。一脸懵的准爸爸看着医生,医生婉转提醒说:"ta可能觉得学习压力有点大⋯⋯"

虽然短片的最后巧妙地落地到了品牌表达上,但从孩子出生意愿PK爸妈期望的独特视角,戳中了很多爸妈尤其是新手爸妈关于孩子学习、教育的痛点,也再次引发了关于"孩子是否有出生选择的权利""为人父母需要考试吗"这些社会话题的深度思考。

家长行为自查表

俗话说"父母是孩子的镜子""孩子是父母的影子""孩子是父母的复印件",说的是家庭教育对孩子的重要影响。其实,孩子也是父母的镜子,透过孩子的言行,我们也可以照见父母身上的一些优缺点。

作为父母,当我们发现孩子身上有一些我们不满意的地方时,我们除了批评孩子以外,是否会反观自己呢?

人民日报微博曾发布"熊家长"行为自查表,为我们总结了10种容易惯坏孩子的行为和18种不合格父母的"熊家长"行为,我们一起来自查一下吧。

自查表1　容易惯坏孩子的10种行为

行为表现	家庭自查
1. 给孩子特殊待遇 孩子在家地位高人一等，处处受到特殊照顾，如吃独食等，长此以往，孩子会变得自私，没有同情心。	
2. 孩子犯错当面袒护 许多家长以"不要太严，ta还小"为理由袒护孩子的错误，这会使孩子缺乏是非观念和责任担当意识。	
3. 过分关注孩子 一家人无时无刻不关心孩子，会使ta认为自己是中心，家人都要围着ta转。	
4. 轻易满足无理要求 小孩要什么家长就给什么，这样ta会养成不懂得珍惜，讲究物质享受和不体贴他人的性格。	
5. 允许孩子生活懒散 允许孩子挑食、睡懒觉、玩耍没有节制等，这样ta容易缺乏上进心和毅力，做人得过且过。	
6. 央求孩子 如边哄边求孩子吃饭，答应ta讲3个故事再把饭吃完。你越央求，孩子可能越任性、不明事理，家长的威信也会逐渐消失。	
7. 包办替代 有些家长从不要求孩子劳动，三四岁还要喂饭，五六岁还不做任何家务事。这样会使孩子自理自立的能力发展受到阻碍。	
8. 大惊小怪 孩子生病时，家长惊慌失措，一味娇惯，最终会导致孩子不让父母离开一步，变得懦弱胆小。	
9. 剥夺独立 含在嘴里怕融化，吐出来怕飞走。这样的孩子会养成依赖心理，往往成为"把门虎"，在家里横行霸道，到外面胆小如鼠，形成性格缺陷。	
10. 害怕哭闹 害怕孩子哭闹的父母是无能的父母，若放任孩子打骂父母，会在ta性格中播下自私、无情、任性的种子。	

自查表2　不合格的妈妈行为

行为表现	妈妈自查
1. 不守信用的妈妈 答应了的事一定要做到，不然妈妈的威信会消失，孩子会变得更难教育。妈妈的失信行为会给孩子树立消极榜样，让孩子随时有失信的可能。	
2. 说爸爸坏话的妈妈 孩子的一半来自父亲，一半来自母亲，否认父母其中一方，等于无形之中也否认了孩子的一半。	
3. 爱攀比的妈妈 总是拿孩子的缺点与别人家孩子的优点对比，责备孩子，会使孩子不服气甚至反感，对培养孩子的个性和自信心也不利，还会让孩子觉得"妈妈根本不爱我"。	
4. 总说"我是为你好"的妈妈 一些妈妈似乎总有操不完的心，但有些只是打着"为你好"的旗号，擅自规划孩子的人生。有些路就是要孩子自己去闯，这是 ta 的人生，不要替 ta 活。	
5. 不尊重孩子隐私的妈妈 有的妈妈很喜欢与朋友、邻居聊天时，把孩子的隐私公布于众。每个孩子都需要有自己的私人领域，即使是自己的父母也不能随意干涉。	
6. 脾气暴躁的妈妈 有些妈妈不分对错就把孩子当出气筒，孩子误以为妈妈不高兴是 ta 引起的，会让孩子产生自责、自卑的心理。	
7. 爱哭穷的妈妈 "你知道养你有多不容易吗？"这句话非常伤害孩子。你可以告诉孩子什么可以买，什么不能买，为什么不能买，但不要总说"没钱""买不起"。	
8. 过于"谦虚"的妈妈 当孩子展示自己最拿手的长项时，有时妈妈总当着他人的面说孩子做得不好，以显示自己的谦虚。其实，适当的鼓励更有利于孩子的成长。	
9. 总玩手机的妈妈 当妈妈因为玩手机而忽略了孩子，孩子会感觉妈妈是在敷衍自己，自然也不愿与其交流。亲子交流被阻碍，孩子容易变得孤僻、自闭。	

自查表3　不合格的爸爸行为

行为表现	爸爸自查
1. 暴躁的爸爸 如果爸爸脾气暴躁，动不动就打人、骂人，孩子也有可能如此，甚至程度更深。爸爸乖戾易怒，还可能造成孩子在恐惧中形成卑微、懦弱的性格。	
2. 过于溺爱的爸爸 每一个爸爸都爱自己的孩子，但过于溺爱就会变成伤害。独立是孩子从小就应该上的必修课。无条件地满足孩子，久而久之孩子就会变本加厉。	
3. 不懂体谅妈妈的爸爸 有的爸爸对妻子的付出习以为常，甚至把教育孩子的责任都推给妈妈，这会让孩子失去安全感。而孩子最大的安全感，来自父母的相亲相爱。	
4. 缺席孩子教育的爸爸 从爸爸身上，男孩子会学到男子气概，女孩子则会学到如何与异性相处。作为父亲，再忙再累，都要承担起养育孩子的责任，对得起"父亲"这个称呼。	
5. 毫无诚信的爸爸 言出必行的爸爸，不仅是孩子心中的榜样，更是对孩子最好的教育。经常性空口承诺，不仅会失去威信，也不利于培养孩子的责任意识。	
6. 控制欲过强的爸爸 如果孩子总依据家长的想法行事，长期没有自己的选择权，他们就可能会愈发叛逆，迫切想要从这个家独立出去。	
7. 不以身作则的爸爸 一些爸爸自己不爱看书，却整天教育孩子"别看电视了，快去看书"。事实上，爸爸是"原稿"，孩子是"复印件"。爸爸希望孩子怎么做，要先从自身做起。	
8. 生活习惯不良的爸爸 有些爸爸不大注意个人卫生，不爱洗澡、刷牙，小孩子不会分辨对错，只会照着学。喜欢抽烟、喝酒的爸爸更是会带给孩子不良的影响。	
9. 过分严厉的爸爸 如果爸爸一直以严厉的面孔对孩子，时间久了容易产生隔阂。一旦孩子有什么问题，就会不再求助于爸爸，也不会与爸爸商量，很容易做出错误的决定。	

不合格的妈妈和爸爸行为其实也不只局限于妈妈或爸爸,作为孩子身边的共同生活人,我们都可以对照这18条指标"有则改之,无则加勉"。

认真倾听孩子对我们的期待

网上有个笑话,说孩子因成绩不好被家长骂"笨鸟",估计家长想用"笨鸟先飞"来激励孩子。没想到不服气的孩子告诉家长"笨鸟有三种":第一种是自以为笨,所以努力先飞去实现自己的梦想;第二种是可能曾经有过梦想,也试着去

飞,终究还是嫌累放弃了;第三种则是自己躺平,但期望孩子使劲飞,去替自己实现未实现的梦想。

忍俊不禁之后,我们可以思考一下,我们是哪一种呢?

我们对孩子有各种要求和期待,但我们有没有"待己宽,对娃严"呢?在我们的身上,孩子是否也可以看到我们期望 ta 成为的样子?

我曾经看过一个短片,内容是孩子们对父母发出的灵魂拷问:

★ 夜已深，父母还在麻将桌上酣战。"我知道我不是'别人家的孩子'，但你们也不是'别人家的父母'。"

★ 爸爸在玩手机游戏，妈妈拿着iPad追剧。"你们要让我自觉学习，但是你们通常自己都管不住自己。"

★ "我使小性子，一会儿就好，而您发脾气时，我得赶紧逃。"

★ "你们说要赢在起跑线上，但不可能人人都跑第一啊。"

★ "你们总教育我要对朋友友好，可是，为什么你们总一直在争吵？"

★ "为什么您昨天说过的话，今天却否认了？说好早起锻炼身体，我来叫您，您却躺在床上睡懒觉？"

★ "您总对我说，好好学习，天天向上，但是，为什么您每次回家都这么丧？"

★ "您常常说要陪伴我成长，可是为什么我觉得您一直都在拔苗助长？"

★ "我快乐时，可不可以陪我一起微笑？"

★ "我失落时，可不可以抱抱我？"

★ "我失败了，可不可以鼓励鼓励我？"

★ "我哭了，可不可以为我擦擦眼泪？"

父母双标
他们睡 我就得睡
他们醒 我就得醒
在家待着 嫌我烦
出门玩 嫌我花钱

我不说话 就是哑巴
我说话 就是顶嘴
吃穿只和差的比
学习只和好的比
看电视 眼会瞎
玩手机 眼会瞎
看书 不会瞎

★"我渴望有一个自由之家,你们能尊重我的选择。"

★"我渴望有一个和睦之家,一家人相亲相爱。"

★"我渴望有一个诚信之家,每个人都能说到做到。"

★"我渴望有一个模范之家,你们永远是我的好榜样。"

在我们为人父母的过程中,孩子或多或少都曾经给我们提过意见。只是当他们在说我们的时候,我们都会给自己找理由。就像有的时候孩子会和我们说:"你们让我少碰电子产品,为什么你却一直看手机呢?"我们是不是通常会说:"因为我要在手机上处理工作的事情。"事实真的如此吗?我们说这话的时候,心里有没有一点心虚呢?

家庭是最好的课堂,我们的言行会潜移默化地影响孩子,印刻在他们的生活中。我们期望孩子成为什么样的人,首先我们就要成为那样的人。

"父母是孩子的第一任老师",可偏偏这么重要的岗位,很多人都是未经培训就直接上岗,面对的又是"出厂设置未知又不附说明书的全球仅此一件的限量版",很容易就会出现新手父母不断测试与出错的情况。

那又怎么样呢?

孩子是第一次面临各种学习任务,我们都相信他们有能力去学习新知识、新技能,鼓励他们努力取得好成绩,那么,我们有什么理由不相信自己有能力成为合格和优秀的父母,鼓励自己去不断自我学习、自我成长呢?

爱自己是终身浪漫的开始

网上曾有一个"小暖男在线向妈妈表白"的视频[1],小男孩天真烂漫地说:

妈妈,我做你孩子的时间很短,我一下子就长大了。

妈妈,你做我妈妈的时间很长,你一辈子都是我的妈妈。

所以爱我的时候,别忘了爱自己!

说完,还给妈妈"比心"。

小男孩萌萌的笑容、稚嫩的声音、暖心的话语,让很多妈妈一下就泪奔了。

我们不仅仅感动于孩子的温暖,更被"别忘了爱自己"的叮嘱击中了内心。

---

[1] https://3g.163.com/v/video/VWCQHD08H.html.

爱自己是终身浪漫的开始

不管是爸爸还是妈妈，让我们先静下心问问自己：

★ 我爱我自己吗？

★ 在"爱自己"这件事情上，我有什么想法？

★ 我有没有好好地关注过我的喜怒哀乐？

★ 我有没有认真聆听过我有什么需要和期待？

★ 我有没有主动做些什么来关照到内心的需求？

★ 在日常生活里，我是怎么照顾自己的？

作为一名妻子、母亲和心理咨询师，苏兹·卢拉[①]意识到，一个母亲，照顾好自己不是自私的表现，恰恰是能为孩子做得最无私的事情。母亲越是好好照顾自己，对自身的关怀投入越多，就越有能力照顾好周围的人，尤其是自己的孩子。苏兹认为，养育的秘诀源于自我关怀和照顾孩子之间的绝妙平衡，所以母亲要学会平衡照顾自己和照顾孩子之间的关系。

不只是母亲，为人父母，我们

---

① 苏兹·卢拉. 母亲进化论：决定孩子一生的母亲素养[M]. 刘永广，译. 北京：人民邮电出版社，2019.

都需要自我关怀。只有我们先好好爱自己，才有可能好好爱孩子、爱他人。只爱别人不会爱自己的人，内心会逐渐枯竭匮乏，一旦遇到和期望不一致的情况，就很容易情绪失控。

自我关怀不只是物质层面，我们可以交一些朋友、培养几个爱好，通过阅读、运动等方式让自己的内心变得平和、喜悦、满足、富有生机和创造力。有段时间我觉得很有压力，于是每周五下午我都给自己留出时间，在学校的画室里跟着老师画画。无需专业，只享受笔在画布上涂抹时心流的感觉。

王尔德说："爱自己是终身浪漫的开始。"

小林（林帝浣）说："愿我们都有能力爱自己，有余力爱别人。"

我，值得好好被爱

我们都不是完美的人，有优点，也会有不足，但我们是否依然会对自己说："你绝对值得好好被爱。"我们要用欣赏的眼光看自己的闪光点，用温柔的心包容我们的限制，用平和的双手接纳真实的自己。

| 我的亮点 | 我的限制 |

普通而真实的我，值得好好被爱

当我们带着爱，去关照我们心里的那个"内在小孩"时，我们便和自己连接在一起。温柔待己，才能好好爱人。我们用什么样的眼光看自己，也会用什么样的眼光看他人。

不接纳自己、对自己不满意的人，不仅会挑剔嫌弃自己，也会对别人不满意。不爱自己的人，也很难坦坦荡荡地持续去爱他人。

教育界有这样一句话："如果你想给学生一杯水，那么你不仅要有一桶水，还要有富有生命力的长流水。"同理，如果我们想给予孩子更多的爱，那我们自己首先要拥有富足的持续的爱。只出不进的"蜡烛"或"油箱"，是不可能持久输出的。

在"爱自己"这件事上，我们还要给自己减负，让配偶和孩子做好自己的事情，一起分担家务。当我们敢于放手时，也给配偶和孩子腾出了展示他们对家庭、对家人担当责任和发挥作用的空间。当我觉得很累或者身体不舒服的时候，我会跟先生说请他早点下班回家，也会和儿子说"我今天有点累,我们吃简单点。"2020年网课期间,我曾连着五天中午给儿子吃面,儿子没有一句怨言,还承包了洗碗等家务。因为他知道,妈妈不是无所不能、永远不累的超人,妈妈也需要休息,需要被两个男人照顾。

我的关爱日历

双休日早上起来做早饭,然后到小区验核酸,回来用豆芽机发豆芽,煮茶,洗衣服……头一抬,又到了烧中饭的时间。吃完中饭打理好厨房,又去整理换季衣物,用吸尘器吸地……感觉没做啥又到了做晚饭的时间了。

平时上班更是像打仗一样,我都不记得有多久没去逛街、没和老同学老朋友见面喝茶聊天、没去运动、没去街拍飞无人机、没有好好看一本书……感觉结婚有了孩子后,我都没了属于自己的时间!

日子忙忙碌碌,事情杂七杂八,但我们是否有想过留出时间,温柔待自己?除了"咖啡续命"的"被动关爱",还有没有其他主动关爱自己的方式?

你或许会说:"我哪里有那么多时间?"

其实,不是我们真的没有时间。当我们觉得某个人、某样事很重要时,我们就会为之留出时间。

你,是我们值得留出时间的那个人。

日子不仅仅是用来忙碌的,也是用来享受的。"自我关爱"可以是长程的几天计划,如到某个地方旅行,也可以是半天或一天的中程计划,如郊外野餐、看电影、踢球、好友聚会等,但我们更加推荐在日常的每天里,都给自己留一点短程时间来关爱自己。

> 听一首喜欢的歌　看书　慢慢地冲泡一壶茶
> 什么都不做看着窗外发会呆　运动
> 在绿地里走走　写字　给植物浇浇水修修枝
> 戴根丝巾保护颈椎　尽情伸一个懒腰
> 今天暂停某些家务　给自己做一个精油护理

不要让我们的桌上只有记满密密麻麻待办事项的工作日历,让我们一起来制作一本"自我关爱日历"吧。

在属于自己的时空里,听听自己喜欢的音乐,读读自己喜欢的书,或是记下看到的美好瞬间、听到的温暖话语,这样的事情都会给我们带来实实在在的美好感受,让自己的内心更柔软也更有力量,让每天的日子都独一无二。

我 觉察 看见

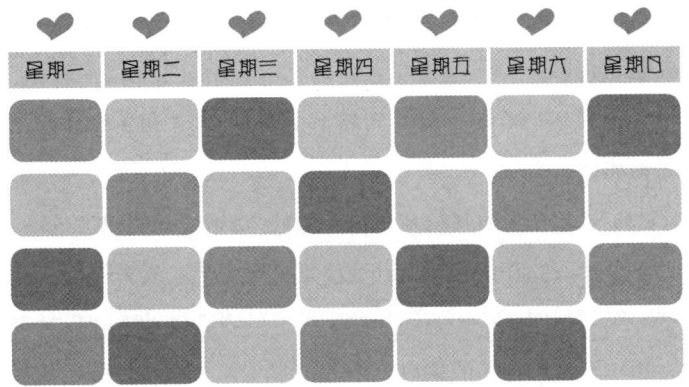

每一天,我们可以有不一样的活动,也可以每一天坚持做同样的事情。不过要记得给自己一个弹性的安排,每天做一点,我们也会看到 amazing 的效果。

我的健康计划(根据情况至少选择其中一项)	
时间充足 精力充沛时	金刚功 20 分钟 / 引膝盖 1000 下 / 天鹅臂全套 / 梳头 5~10 分钟
时间不充足 疲惫的时候	简版八段锦 / 梳头 3 分钟 / 引膝盖 50 下 / 天鹅臂 1 组动作
只想躺平时	梳头 1 分钟 / 引膝盖 10 下 / 天鹅臂第一组动作一个八拍

她是我妈妈

当我们的内心变得丰盈和充实,我们的精神会更加富足,眼光会愈加柔和,家庭关系会更加流畅,在成就自己的同时,也会潜移默化中给孩子提供一个成长的榜样。

放学接儿子回家，走进小区，儿子碰到一个小朋友，两人边走边聊。

走在他们后面的我听到那个小朋友问："这是你外婆还是你奶奶？"

听不出儿子有任何的犹豫和尴尬："她是我妈妈。"

虽然我的花白头发，让我经常被不熟悉的人升级为"阿婆"级别，但儿子大方坦然的回答，让我欣喜地看到我对自己的接纳带给孩子的积极影响，也深深感谢我的父母给予我无尽的精神财富。

我的父母是普通的中学教师，尤其是我的妈妈，因为疾病侵袭，她一度瘫痪，变形的关节让她的手指不能正常伸曲，也不能像正常人一样行走。但妈妈说"我是有残疾，但不是残废"，在有限的生命里活出了无限的精彩。黑板上照旧写出漂亮的粉笔字，指导学生排练出的舞蹈获得全区一等奖，和我打乒乓球、羽毛球，脚不挪动，一样打得我满场跑。她标准的普通话、亲切的声音、精湛的教育教学水平，在市区都享有盛誉，她在第一个"教师节"被评为"省劳模"。工作之余，唱歌、养花、裁剪、缝纫、编织、绣花、捏泥巴……各种爱好滋润生活。

我从小耳濡目染着妈妈对自己的接纳、欣赏和关爱，虽然我是一个很普通的人，个子不高、身材不标准、相貌平平，但我依旧兴致勃勃地照顾好自己"普通的皮囊"和"有趣的灵魂"。

父母之爱子,则为之计深远

你的孩子,并不是你的孩子。

他们是生命对于自身渴望而诞生的孩子。

他们借助你来到这个世界,却并非因你而来,

他们在你身旁,却并不属于你。

你可以给予他们的是你的爱,却不是你的想法,

因为他们有自己的思想。

你可以庇护他们的身体,却不能庇护他们的灵魂,

因为他们的灵魂属于明天,属于你在梦境中也无法达到的明天。

你可以拼尽全力,变得像他们一样,却不要让他们变得和你一样,

因为生命不会倒退,也不可能在过去停留。

你是弓,你的孩子是弦上即将发出的生命箭矢。

弓箭手遥望未来之路上的箭靶,

用尽力气将你拉开,使箭射得又快又远。

你们怀着愉悦的心情，在弓箭手的手中弯曲吧，
因为他爱一路飞翔的箭，也爱无比稳定的弓。

——【黎巴嫩】纪伯伦《致孩子》

爱的表现

◆ 从孩子来到我们的生命里开始，我们对 ta 倾注了许许多多的爱。就让我们一起来盘点一下，在最近的一个星期中，我们的爱表现在哪些地方？

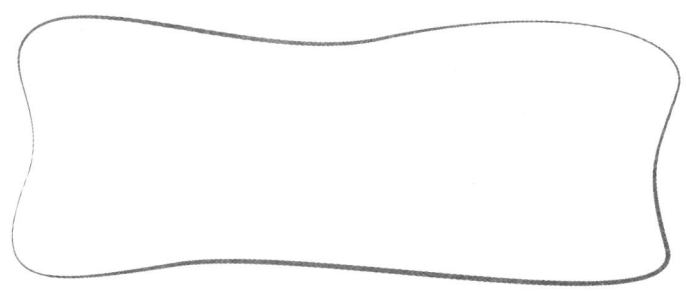

◆ 在上面所写的各种"爱"中，请你区分一下，有多少属于"物质上的爱"（如买食物、买衣服、买玩具等），有多少属于"精神上的爱"（如和 ta 一起读书、聊天、讨论问题、鼓励 ta 等)？可以用不同颜色圈出来，看看哪一类更多。

"物质上的爱"有＿＿＿个

"精神上的爱"有＿＿＿个

"物质上的爱"＿＿＿＿（多于、等于、小于）"精神上的爱"

◆ 写好之后,我们可以邀请孩子一起来看看。孩子对你付出的爱有什么感受?有什么补充、异议或者修正?有的话,请写在下面。

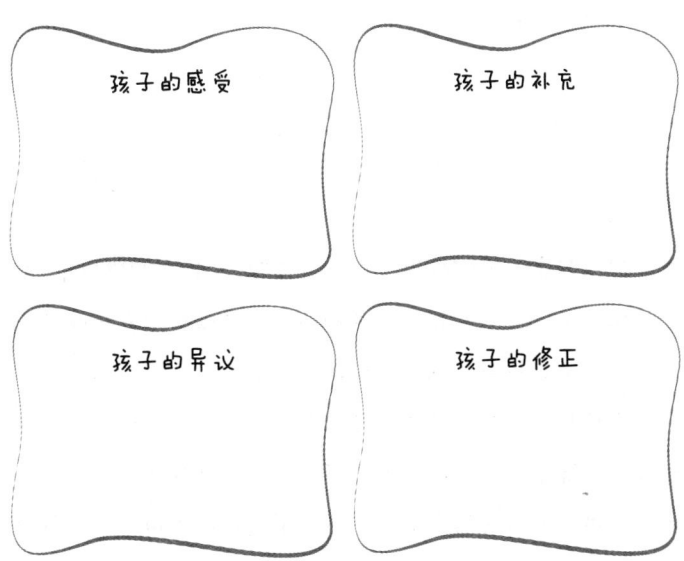

我们做父母的总是期望能够为孩子提供尽可能好的条件。当我们努力给予孩子物质和生理营养的同时,有没有思考过我们是否给予了孩子充足的精神和心理滋养?内心充盈、精神丰富的孩子,才能在人生的道路上披荆斩棘。

物质层面的爱，用钱就能解决，但精神层面的爱，需要我们好好用心才行。

我是"超级爸妈"吗

"自己的事情自己做。"我相信很多父母都会和孩子说这句话。可是为什么很多孩子进了小学后，下面的情景还时常发生呢？

早上起来，睡眼惺忪，父母已经帮 ta 把衣服穿好了。

出门上学，书包是父母整理的，到了学校要交作业了，也不知道放在哪里，满书包里翻。

学校里，鞋带松了不知道怎么办；上好厕所拉裤子，屁股遮住就完事，也不管穿着舒不舒服；自己的东西不认识，老师问讲台上的文具是谁的，不知道；更厉害的，赤脚量好身高后，指着那双鞋说"这不是我的"，拍照给家长看，家长哭笑不得——这就是 ta 自己的鞋子。

回到家，两只鞋子随便一扔，不知道放到鞋柜；吃饭了，张嘴就可以；要洗头洗澡了，只管往浴室一站，其他都是父母的事。

……

这一切的背后，是因为"超级家长"所谓的"爱"！这个"超级家长"，不仅仅是指父母，也包括和孩子一起生活的祖辈。

看上去,我们这样做是很"爱"孩子,其实一方面是我们不相信孩子有能力可以做好自己力所能及的事,另一方面也是我们图省事——大人一次搞定,免得 ta 做得不好我们还要花更多时间。

但是,我们有没有想过,在这种包办下,孩子除了暂时的安逸,还会获得什么?

★ 缺少尝试和学习的机会

★ 缺少锻炼和成长的机会

★ 不会照顾自己

★ 缺乏责任感

★ 无所适从

★ 缺乏有价值的生活技能

★ 难以体验从不会到会的成功喜悦

★ 缺乏自我效能感

……

"永远不要替孩子做任何他自己会做的事情(德雷克斯)",这并不是指我们永远不为孩子做任何事,而是意味着,如果孩子知道自己有多么能干,这会是父母给予孩子的非常有意义和有价值的一份礼物。

> 自我效能感：是指"人们对自身能否利用所拥有的技能去完成某项工作行为的自信程度"（班杜拉）。对自我效能感形成影响最大的因素，就是个体通过自己的亲身行为所获得的关于自身能力的直接体验（direct experiences），"熟能生巧"能帮助我们体验成功。个体在努力克服困难时，来自他人的信任或积极的评价，也有助于增强其自我效能。

我对孩子的爱有功利性吗

◆ 我对孩子有什么样的期望呢？请写在下面，写得越多越好。

> 我对孩子的期望

◆ 如果只能留下十个词，我会选择哪十个词呢？请把它们圈出来并排序。

◆ 我选择这十个词的原因是什么？

◆ 我们对孩子的期望，是基于孩子本身的特点，还是我们把很多不同的指标，硬性地拼凑在一起，让ta成为我们心目中理想的样子？

◆ 当我们为孩子做了那么多，孩子并没有如我们所愿，我们还会一如既往地爱ta吗？

一个女生坐在我面前，低着头喏嚅着说："我爸妈从小就不喜欢带我出去，觉得我不像其他孩子一样嘴巴甜，活泼开朗招人喜欢。他们公司里搞什么亲子活动也借口忙不带我参加，我知道他们是觉得我去会丢他们的脸。有时候他们看着我，欲言又止，然后叹口气转身离开，我想我肯定让他们非常失望……"

如果孩子的表现没有达到我们的期望，我们就冷眼相待、恶语相向的话，哪怕我们平时给ta提供再好再丰足的条件，也不会在孩子心里留下"父母是爱我"的印迹。因为在孩子的心里，父母爱的是那个风光的孩子，而不是让他们失望的孩子。

什么是父母？我想，就是任何时候，孩子想到他们，心里涌起的都是安全与温暖，无论遇到什么，第一时间都想与之分享的那两个人。

让我们温柔并坚定地和孩子在一起。

父母之爱子,则为之计深远

◆爱是深深的理解和完全的接纳

爱孩子的起点是真正地看见孩子。

每个孩子都是不一样的,不要把孩子和"别人家的孩子"去比较,也不要把孩子和我们小时候去比较,无论是先天的遗传还是后天的养育,两者都没有可比性。哪怕是同一父母的孩子,即便是同卵双生子,孩子也不是一模一样的。我们要真正认识自己的孩子,接纳孩子的现状,在尊重理解的基础上,看见孩子独一无二的生命,看见孩子生命中的本质与蕴藏的力量,引导 ta 绽放自己的光芒。

深圳龙岗外国语学校曾做过"星空下的对话"活动。一位五年级学生的妈妈和女儿进行了一次促膝交谈后,感悟很深,写下了这样的文字:

> 凡事都有正反两面,个性活泼热情的孩子常被期望能安静一些,而个性安静温和的孩子又常被期望能外向一些。我总是希望自己的孩子"完美",可事实上,我越不接纳孩子,孩子越朝着我不希望的方向发展。比如,孩子内向不被接纳的结果就是变得更加退缩。
>
> 在学校课堂上爱举手、爱表现的孩子往往是父母所希望

的，我也一直觉得这样的孩子会更受老师的喜欢。所以，有一段时间，我经常鼓励女儿在校举手回答问题，甚至要求她每天至少举手两次。

但事实是，逼着孩子那样做，她很难受，看得出来那段时间她的心理压力比较大。所以，我想，我应该学着接纳孩子的个性，不要迫切地把孩子变成自己希望的那样。要学着接纳孩子，让她跟着自己的生命本质去发展，接纳她的慢节奏，多给肯定，鼓励她表达自己的感受……①

◆ 爱与规则

随地乱扔垃圾，玩了人家的玩具不肯还，在图书馆里不听旁人提醒仍旧大声喧哗，在别人的家里不爱惜物品，拿着尖锐的东西在人家的汽车上乱划……

生活中，我们不乏看到这样的现象，也常常会听到一些家长以"ta还只是个孩子"这句话为孩子开脱！他们以为这是爱孩子，满足孩子的天性，却不知，规则教育的缺失、无原则的纵容，让父母恰恰就成为了"熊孩子""巨婴"甚至违法犯罪分子背后最大的"推手"！

一个孩子在教室里坐姿不佳，把脚翘到课桌上。老师提醒他把脚放下来，没想到孩子不以为然："我在家就是这样坐的，不信你去问我妈。"

尊重孩子的天性，接纳ta，理解ta，好好爱ta，并不意

---

① https://www.163.com/dy/article/FISL25JV0516BILI.html.

味着就是放任孩子我行我素、肆意成长。我们可以在家穿睡衣、翘脚坐,但不意味着"世界都是我家的会客厅"!爱孩子,尊重孩子,也需要给孩子得体的教养,孩子才能很好地"社会化"——敬畏生命、敬畏职责、敬畏规章。

◆ 培养孩子爱与尊重的意识和能力

我们都知道,"family(家庭)"这个单词可以看成是六个单词的缩略词,如果可以添加标点符号,我们会用什么标点呢?

Father And Mother : I Love You !
(爸爸妈妈:我爱你/你们!)
Father And Mother , I Love You !
(爸爸妈妈,我爱你们!)

一个冒号,一个逗号,大家看出有什么不一样的含义了吗?

家,不仅仅只是父母爱孩子,也需要孩子爱父母。

儿子从小喜欢喝黄豆芽汤，我不想他"坐享其成"，于是便邀请他一起来摘豆芽的根。刚开始他觉得好玩，后来发现又要去根还要检查有没有坏豆烂豆，也不是件轻松的活儿。儿子一边摘一边对我说："妈妈，豆芽汤好喝，但准备起来好麻烦。""是啊，所以你今天出了大力。"

渐渐地，儿子除了做他自己的事以外，越来越多地参与到家庭事务中：择菜、剥鸡蛋、收碗、洗碗、抹桌子、倒垃圾、拖地……每次吃东西，会先拿过来让我们尝尝。先生骨折后，儿子给他爹盛饭、挤牙膏、搓毛巾、洗袜子。我们不舒服的时候，他会帮我们捶背、倒水拿药。外出旅游，拉行李箱，扛三脚架，我们亲切地称他是"负重小骆驼"。

倾尽所有地去爱孩子,却没有教孩子也要尊重和爱父母,只会让孩子觉得父母的付出是理所应当的事,助长孩子的受之无愧感,甚至对父母呼来唤去。

如果我们在爱孩子的过程中,培养孩子爱的责任与能力,给予孩子表达爱的机会,那么孩子不仅在被爱的过程中会滋养出温暖、善良、感恩、富有同情心的品质,还会感受和理解父母的不容易,愿意帮父母分担,并乐于关心帮助他人。

双向奔赴的爱,才是健康的有生命力的"爱"。

儿子十岁那年悄悄做好送给我的礼物,花了不少心思。

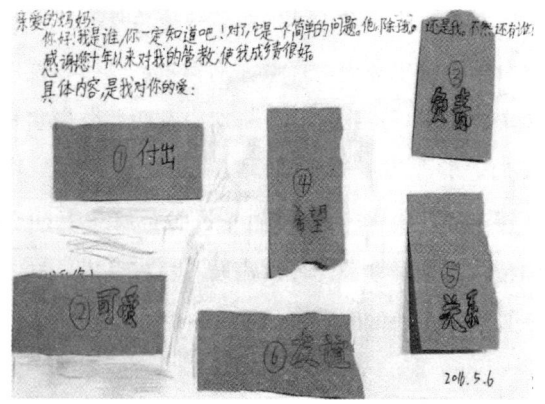

每一张小纸条翻开来，里面都是满满的惊喜。

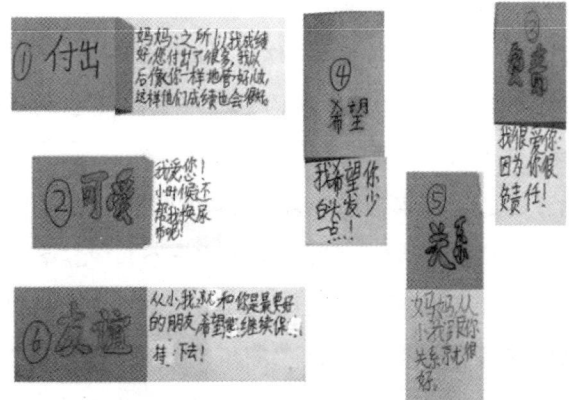

◆ 爱是富足的心理资本

"爸爸，"一天晚上，五岁的米里亚姆在走进厨房时说，"别人的家里怎么有那么多人和东西呢？"

马克·辛格把手中正在切的蔬菜放到一边，冲着他的女儿微笑。"这是一个有趣的问题，"他说，"你是什么意思呢？"

米里亚姆在厨房的操作台上坐下，并拿起了一片胡萝卜。"唔，"她一边嘎吱嘎吱地嚼着胡萝卜，一边说道，"基蒂·帕克斯说我来自一个破碎的家庭，因为我只有一个爸爸，而我的妈妈住在别的地方。而且，我们周围的每个人都有一个爸爸和一个妈妈，还有更多的孩子和东西。所以，我想知道为什么我们不一样。"

马克把米里亚姆揽进怀里,并在沙发上坐了下来。"我想我们有一个非常棒的家庭,"他说,"但是,这个家有点不一样。家里有你、有我还有马格西,我们的小狗——"

"还有石头,我们的小猫,"米里亚姆插嘴道,"还有我的蜥蜴,雷克斯。这是一个真正的家吗?"

"当然是啦,"马克凝视着女儿的眼睛说,"我们的家是我生活过的最棒的家,并且没有人有一个和它完全一样的家。这让它非常特别。而且,你知道吗?当你去看妈妈时,你有另一个家。你有两个家!"

米里亚姆咧开嘴笑了,并抱住了爸爸。"谢谢你,爸爸,"她说,"什么时候吃晚饭?"[1]

无论我们是一种什么结构的家庭,我们都可以用正面积极的态度和健康的情感体验,让孩子拥有自尊和力量。

心理学家说:"这个世界上所有的爱都以聚合为最终目的,唯有一种爱以分离为目的,那就是父母对孩子的爱。"父母的意义,不仅仅是带孩子来到这个世界,也不是倾尽全力给孩子创造衣食无忧的生活,而是当孩子想到父母时,嘴角会上扬,内心会涌起温暖、甜蜜、快乐、安全、坚定、有力量……

---

[1] 简·尼尔森,谢丽尔·欧文,卡萝尔·德尔泽尔.单亲家庭的正面管教[M].杨淼,张丛林,林展,译.北京:北京联合出版公司,2017.

当有一天，孩子要离开我们去远行，我们会给 ta 的行囊里装上什么呢？

自在而不放纵　　富足而不压抑
整合并利用资源　　我是　　勇于尝试　　探索世界的好奇
　　　　　　　　　我有　　自我照顾
学习的兴趣
自信　担当　　　　独立思考　　我能
从失败中成长
……

看见孩子

我生来相貌丑陋,村子里很多人当面嘲笑我,学校里有几个性格霸蛮的同学甚至为此打我。我回家痛苦,母亲对我说:"儿子,你不丑,你不缺鼻子不缺眼,四肢健全,丑在哪里?而且只要你心存善良,多做好事,即便是丑也能变美。"

——莫言

我眼里的孩子

俗话说"知子莫若父,知女莫如母",概括一下就是"知子女莫如父母",说的是我们与子女朝夕相处,应该是最了解他们的人。那就让我们一起来看看,我们是不是真的了解我们的孩子。

★ 在我的眼里,我的孩子是什么样子?可以是关键词,也可以是句子,写得越多越好。

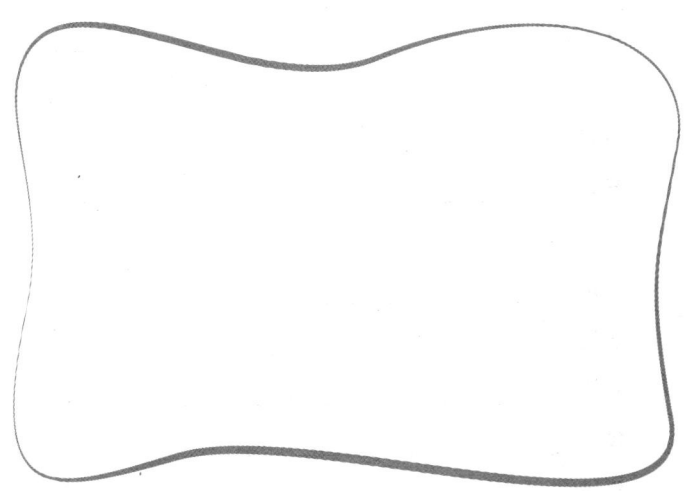

★ 数一数,在上面所写的这些词语中,哪些是优点?哪些是不足呢?

★ 在写的过程中,优点和不足哪一类写起来更多更快?

★ 如果只能用十个词语来描述我的孩子,我会选择哪十个呢?请把它们圈出来。

★ 在圈出来的这十个词语中,优点和不足哪一类更多?

★ 这些不足,是基于什么样的参照体系呢?

孩子眼里的自己

我们再邀请孩子来完成下面的句子,看看ta怎么看自己。如果孩子年纪比较小,愿意口述让我们代写的话也可以。

我是_____。

我是_____。

我是_____。

我是_____。

我是_____。

我是_____。

我是_____。

我是_____。

我是_____。

我是_____。

我是_____。

我是_____。

我是_____。

我是_____。

我是_____。

我是_____。

我是_____。

我是_____。

我是_____。

我是_____。

写完后，我们可以问问孩子：

★ 在填写的过程中，你觉得很顺利还是有什么困难？

★ 如果觉得有困难，难在哪里？

★ 对自己的这些认识，可以举例来说明吗？

我们再把孩子写的和我们前面写的两相对照：

★ 我们写得一致的地方是什么？不一致的地方是什么？

★ 孩子对自己的认识里，有没有投射出我们看 ta 的样子？如果有，是什么？

★ 我们对孩子自我认识的影响是积极的还是消极的？

★ 这些影响是怎么产生的？是通过我们对 ta 的直接评价还是平时不经意间的流露？

看见孩子更多的样子

"我是谁""我是一个什么样的人"，这是一个亘古的思考。古希腊德尔菲神庙前竖立着一块巨大的石碑，上面镌刻着一句象征人类最高智慧的神谕——认识你自己！

当我让学生写自己最突出的特点时，我发现很多时候学生写的缺点更多。在家长课堂上，当我给家长布置了一个家庭作业，让家长写出孩子至少十个优点时，下面的家长开始笑了，说写十个缺点更容易。

孩子的自我认知，最初常常是来自于亲密他人（父母或者其他养育者）的判断和评价，这种反映评价或者反射性评价会影响到孩子对自我的认识。如果在孩子的成长过程中，

ta 经常得到的是片面或否定的评价,那么 ta 的自我概念就可能会比较糟糕,很可能会影响 ta 的"自我同一性"。

自我同一性又称"自我认同",是美国心理学家埃里克森人格发展理论中的一个重要概念,包含两层含义:个体的内部达到自我整合的和谐状态;个体对自身的认识与个体感觉到的他人对自身的认识是一致的,也就是个人的内部状态与外部环境的整合和协调一致。

所以,我们需要认真地花一些时间来反思和重新认识我们的孩子。从信赖的人那里获得所期待的认可的内在自信,可以帮助孩子更全面地认识自己,尤其是自己的特点、长处和才能。不要担心这会让他们变得骄傲自满,只有当他们能更多地看到自己内在的光芒和力量时,他们才有底气和勇气探索自己,悦纳自己,开放自己,挑战自己,才能与他人、与世界有更好的沟通与互动。

我们可以从以下三个维度来重新审视和分析我们所写的内容,思考有没有更多的视角和发现。

> 生理自我:是指个人对自己生理属性的认识,包括自己的身高、体重、外貌、身材等方面。

"生理自我"是对客观事实的描述,不需要太多的思考。但我们可以根据描述的内容，思考以下问题：

★ 如果我们尤其是孩子在所有描述中，"生理自我"占了大多数，那是孩子对自我的认识还比较浅显，还是ta不愿意让我们知道更多？

★ 在这些描述中，我和孩子对"生理自我"的接纳度如何？是喜欢、嫌弃，还是坦然接纳？

★ 有没有眼睛小、个子矮、不漂亮、身材胖等"体像烦恼"？

★ 如果有的话，这些"体像烦恼"是怎么产生的呢？对我们和孩子有什么影响？

★ 我们做父母的可以做些什么来帮助孩子坦然接纳"生理自我"？

> 心理自我：是指个人对自己心理属性的认识，包括自己的个性、气质、能力、情绪、兴趣、特长等方面。

"心理自我"是对自己内在特征的描述，我们可以通过所写词的范畴来看孩子对自己的了解是全面还是片面，通过词性（褒义/贬义/中性）来判断孩子的自我认识偏积极还是偏消极，个体感觉是自信还是自卑。

心理学家霍华德·加德纳博士认为,智能是多元化的,每个人都有自己的优势智能领域。作为父母,我们可以帮助孩子更多元开放地看待自己,激发潜在的智能。

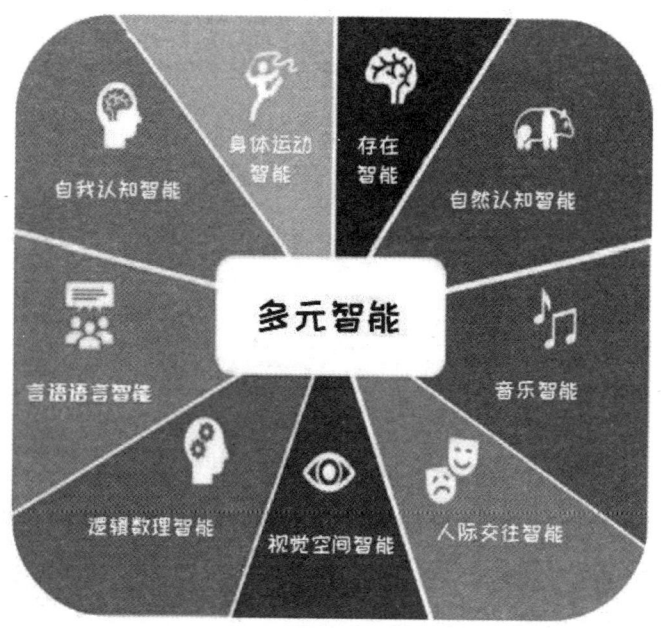

★ 在我和孩子的描述中,属于"心理自我"的描述是积极的多还是消极的多?

★ 在这些描述中,是涉及到各个方面还是基本集中在学业上?

★ 我和孩子对"心理自我"的接纳度如何?

★ 有没有"嫌弃"自己内向、胆小、不聪明、没能力、成绩差等？

★ 如果有的话，这些"嫌弃"的感觉和认识是怎么产生的呢？对我们和孩子有什么影响？

★ 如果孩子觉得自己不好，有没有可能是因为他们被我们不恰当地与"别人家的孩子"作比较的结果？

★ 我们做父母的可以做些什么来帮助孩子从更多、更积极的角度认识"心理自我"？

> 社会自我：是指个人对自己社会属性的认识，包括对自己在社会关系、人际关系中的角色和地位的认识、评价及体验。

我们是社会中的人，我与他人尤其是重要他人的关系是亲密疏离还是紧张，我们在所处系统中的位置是重要还是无关紧要，我们是受欢迎的被接纳认可的还是被忽视或者排斥甚至欺凌的，我们是主动选择做观众还是被动成为旁观者……这些"社会自我"的认识，对孩子的价值感、安全感和人际互动有着非常重要的意义。

★ 在我和孩子的描述中，属于"社会自我"的描述有多少个？

★ 我和孩子对"社会自我"的接纳度如何?

★ 有没有觉得自己不合群、不被周围的人喜欢、被排挤、感觉很孤单等?

★ 如果有的话,这些感觉和认识是怎么产生的呢?对我们和孩子有什么影响?

★ 我们做父母的可以做些什么来帮助孩子从更多的角度认识"社会自我"?可以做些什么来帮助孩子应对人际交往中遇到的问题和困难?

理解孩子"高敏感"的独特性

有时候我们会听到有的父母会说:"这孩子从小就很难带,不像其他孩子那么省心。"除了器质性的差异以外,很有可能这和一个叫"高敏感"的特质有关。

◆ **观察敏锐、感受力强**

高敏感的孩子,能更敏锐地关注到环境中的细节,以及环境变化带来的感受。比如他们可以捕捉到别人脸上掠过的一丝不快,也可能因为衣服上有一点点污迹就感觉穿着很不舒服,不停地要去擦干净或者让大人换衣服,或是换个地方就很难入睡。在新环境里,他们也更容易紧张、慢热、拘谨、回避、不合群。

◆ **情绪细腻、反应过度**

和"神经大条"的孩子截然不同,高敏感的孩子情绪感受力很强,容易共情,但也更敏感,较低较小的刺激也容易引发情绪反应,或是一般性刺激会激发更强烈的反应。就像有的父母说的"一不留神又不高兴了""丁点大的事情反应那么激烈""动不动就哭,'作'得不得了""一点不能碰,有颗'玻璃心'"……

◆ **心思缜密、深度处理**

高敏感的孩子常常比别的孩子想得更多更深更远,深思熟虑、瞻前顾后、小心谨慎、不愿冒险,所以在处理一些事情时会考虑更周全,也可能更患得患失,容易钻牛角尖。同时,他们的情绪反应也会更持久,需要更长的时间来恢复,而且在这期间,很容易因为弱小刺激而叠加更强的情绪反应。

高敏感儿童的养育对父母会有挑战。如果我们能认识到高敏感其实是一种特质而非缺陷的话,我们就更容易接纳孩子,给予孩子更多的宽容、耐心和等待。做好相应的心理建设和正面引导,不仅可以使"高敏感"的特性成为孩子的优势,也能让孩子更从容地发展自己。

《高度敏感的力量》《高敏感是种天赋》《高敏感优势:如何从高敏感变为高情商》等书都可以帮助我们更好地理解这一特质。

在日常生活中,我们常常会问孩子:"你喜欢谁?"孩子会说 ta 喜欢爸爸／妈妈／爷爷／奶奶／外公／外婆／某某老师／某某同学等等,很少听到他们说"我喜欢自己"。不过,我们有没有认真地问过孩子——"你喜欢自己吗?"

喜欢自己、肯定自己,需要从小建立正面积极的自我概念,而我们父母就是帮助孩子自我喜欢、自我肯定的重要他人。我们需要用细腻温柔的眼光,看见孩子,倾听孩子,引导 ta 在自己现有的基础上,努力成长为更好的自己。

现在,让我们重新来写一下我们眼中的孩子和孩子眼中的自己,会不会有什么不一样的发现呢?

我就是我,是颜色不一样的烟火

自我肯定的练习

当我们能从更正面的角度认识自己和孩子后,我们还可以帮助孩子通过向自己重复暗示一些积极的自我对话来强化对自我的肯定,不断减少头脑中原有消极认识的束缚,从而改变不恰当的自我期望、生活态度和习惯,在行动中更有信心和力量。

◆ **主观**:每句以"我"开始,如"我是一个温暖的人"。

◆ **积极**:要用肯定的正面的句子,不要用否定词语"不""没有"等。如在考试前对自己说"我很放松"而不是说"我千万不要紧张",否则印刻在脑海里的将是"紧张"这个消极意念,结果往往事与愿违。

◆ **现在**:尽量用现在时而非将来时。如用"我的数学成绩正在逐步提高"来代替"我的数学成绩将会提高"。

◆ **简洁**:要用简短、精练、有力量的句子,不要太冗长。

◆ **踏实**:目标要有阶梯性和可行性,不要"一步登天",让自己看不到逐渐积累的成功,从而丧失信心。

◆ **观像**:在脑中想象自己取得进步或成功的图像,就像放电影一样。你会发现现实生活中的你会逐渐和你脑海中的理想中的你合二为一。

◆ **坚持**：每天花一定的时间来对自己进行积极的、富有感情的自我肯定，默念、大声说甚至唱出来都行。比如运用"60秒钟PR法"（PR即pride，就是每天用一分钟的时间来不间断地大声说自己的长处和自己期望达到的目标）。在念诵时，你越倾注感情，收效就越好。

这里有一些建议性的例句，我们可以选择和创造适合自己的句式表达，产生的效果会更好。

——我很善解人意。

——我读书很用功。

——我的字写得很漂亮。

——我的领悟力很强。

——我的声音很好听。

……

米雷与乐驰

人为什么会"唱反调"？

米 雷

有一次在吃晚饭的时候弟弟没有来，我就朝他的房间喊了一声："快点来吃饭了！"他嫌烦，就朝外吼了一声："你越是叫我，我就越不去吃饭了！"我当时觉得这并不是理由，就直接将他抱到了餐厅。但是最近的一些思考和发生的事情，让我理解了弟弟，也开始思考人为什么会"唱反调"。

一年级的时候，我作为社团的小组长，责任是监督我们小队成员准时参加活动，不迟到。我在叫其他同学时，非常顺利，在叫小赵同学的时候语气着急了一些，有些催促，他就没那么配合了。他不耐烦地说："我自己会来，别催我！"

今天吃饭时，餐桌上有很多好吃的饭菜，看得我食欲大振，真是想全部吃光！但是由于我比较"懒"，所以一开始只盯上了面前的一碗空心菜，大口大口地吃了起来。没过多久，大半碗米饭就被我吃完了。奶奶一看我吃这么多空心菜，别的菜一动都没动，就说："你不能只吃空心菜，蛤蜊也要吃！"说完，就给我夹了一块。原本我还是十分喜欢吃蛤蜊的，但那一次我吞下蛤蜊，绝不是因为自己爱吃才吞掉的。在吞下之后，我突然觉得碗里的饭不是那么有吸引力了，就连一桌子好吃的饭菜都无法提起我的胃口。

再后来，我回想起了几件和催促有关的事情，有的是发生在我自己身上的，有的是在别人身上观察到的。

乐驰笔下的哥哥

无一例外，每个被催促的人都会"唱反调"。这些都足以说明：人们都有自己的行动节奏，不需要别人来催。如果被别人干涉，影响了自己的节奏，事情反而做得很被动。

这一次的发现让我对他人多了一些理解，我想以后在和别人沟通时，需要多站在他人的不同角度来解读他们的想法。

（米雷，大名王泰然，复旦大学第二附属学校学生）

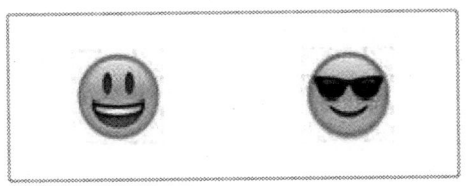

请你先把左眼遮住，右眼一直看着左边的 ☺，眼睛与图的距离大约 20 公分左右。然后请你将书前后移动，看看会发生什么情形。

还是把左眼遮住，右眼一直看着 😎，也是前后移动书，现在会发生什么情形呢？

我们眼中的"盲点"

艾德姆·马略特是著名的物理学家，巴黎科学院的创始人之一和最早的院士之一，他不仅是波义耳－马略特定律的发明者之一，他还发现了眼睛里的盲点。

当我们遮住左眼，右眼看着 😀 时，我们会发现在某个位置时，😎 会突然消失。如果我们反过来，把右眼遮住，左眼看着 😎，仍是前后移动书，😀 也会在某个位置消失。这是为什么呢？

原来在我们眼球后部的视网膜上有一个凹陷点，视神经细胞在此聚集成束形成视神经而进入大脑，这里没有视觉细胞，也就没有感光能力，即使光线投射在上面，也不能产生视觉，这个地方就是我们的盲点。

但是当我们把左眼遮住，右眼一直看着 😎，无论我们如何移动书，都会发现 😀 不会消失，这又是怎么一回事呢？原来盲点只存在于左眼左边和右眼右边的水平方向上，对于处在另一方向上的物体就不会产生消失现象。

当我们用两只眼睛看东西的时候，每只眼睛的盲点都会被另一只眼睛的视觉弥补，所以不会感觉到盲点的存在。即使只用一个眼睛看东西，只要不是瞪着眼睛发呆，不断运动着的眼球仍然会弥补盲点的影像，不会对我们带来任何视觉影响。

约-哈利之窗

眼睛结构上的盲点，我们很多人都是知道的，但其实我们每个人在自我觉知方面也有"盲点"存在。

美国著名社会心理学家约瑟夫·勒夫特和哈林顿·英格拉姆两人共同创立了"约-哈里之窗"理论,有人又把它称为"人际之窗"理论。他们认为,在心理上,每个人都存在着这样四个区域:

	我知道	我不知道
别人知道	公开区域(Open)	盲点区域(Blind)
别人不知道	隐藏区域(Hidden)	未知区域(Unknown)

公开区域:这是自己了解、别人也了解的区域,比如说外貌、性别等外在特征以及自己愿意让别人知道的有关自己的信息。

隐藏区域:这是个人不愿让人知晓的隐私部分,如日记、心事等。对一些人来说,女性的年龄、他人的工资等也属个人的秘密,不要随意去打听。

盲点区域:这是别人已经知道自己却未意识到的部分,就像人家在我们背上贴了一张纸条,别人都看得到,我们自己却蒙在鼓里。盲点区域里既可能是我们的优点,也可能是缺点。

未知区域:这是自己和他人都不知道的区域,主要是对内在潜力方面的认识。

认知盲点的存在,一方面是因为"当事者迷,旁观者清",另一方面可能是因为我们的不敏锐不自信让我们忽视了自己身上的优点,或是因为我们的言行在他人眼里产生了和我们的初衷不一致的结果,当然有的也是对不同的声音太敏感,把别人的好心提醒或善意批评看成是有意找茬儿、故意作对,久而久之人家也就不再提醒,我们不自知依旧我行我素。

生理上的盲点是客观存在,无法消除的,但自我觉知上的"盲点"却可以通过自己的努力使之逐渐变小。

我们眼中的我们

一家人,朝夕相处在同一屋檐下,让我们一起来看看,我们相知知多少吧。

	我自己			
✦ 最典型的三个个性特征/习惯特征				
✦ 我最喜欢的三个特征				
✦ 我不太满意的三个特征				
✦ 我们之间的相似之处				

(注:后面几列根据家庭成员分别填写,在第一行相应位置填入家人身份)

◆ 我们的约定

◎ 背靠背，不商量、不讨论，也不可以偷看；

◎ 放心大胆写出自己内心真实的想法，分享时听众先认真倾听，不随意打断和评论；

◎ 如果听到出乎意料的，不生气、不发火，更不能耿耿于怀、秋后算账；

◎ 觉得有不明白或者有误解的，请温柔提问，耐心解释；

◎ _____（我们家其他的约定）

大家各自写好以后说一说、听一听，一起分享一下，看看你们写的有什么异同，你们有什么发现吗？

◆ 分享时，我们可以使用这些句式：

◎ 你为什么这样觉得呢？

◎ 这一点可以具体说一说吗？

◎ 你为什么最喜欢这个特征？

◎ 这个特征让你不满意的地方是什么？

◎ 还有吗？（这个句式可以不断拓展我们的对话，而不是仅仅局限于纸上呈现的情况。）

◆ 分享结束后，我们再来看看我们眼中的彼此：

◎ 我们对同一问题的理解和表述有什么不一样吗？

◎ 我看到的自己和家人看到的"我"是一样的吗？

◎ 有什么地方是我没看到但他们觉察到的呢？

◎ 这个／些"盲点"的背后有什么原因？对家庭关系有什么影响？

◎ 当我看家人时，我是从什么视角去看的？

◎ 除了这个视角以外，还有其他的视角吗？有的话，会是什么？

◎ 和家人沟通以后，我会做一些什么调整吗？

耳机风波

一位爸爸给我反馈了他们一家三口的活动结果。

我们眼里的女儿：

	最典型的三个个性特征／习惯特征	我最喜欢的三个特征	我不太满意的三个特征	我们的相似之处
自己眼里	会整理 肯用功 喜欢跳舞	整理 运动 跳舞	不掌握时间 磨蹭	
妈妈眼里	躺尸，晃来晃去 拖拉 看《宝可梦》	对学习总体比较认真 喜欢运动 主动做家务，关心家人	浪费时间，拖拉 遇到挫折大哭 犹豫不决	刷剧 犹豫
爸爸眼里	刻苦 爱思考 完美主义	爱运动 和同学关系不错 爱思考	有时执拗 有时不愿与人交流 太注重结果	执着 爱思考 爱运动 比较乐观

我们眼里的妈妈：

	最典型的三个个性特征/习惯特征	我最喜欢的三个特征	我不太满意的三个特征	我们的相似之处
自己眼里	算账 刷剧 利用碎片时间	算账 合理利用时间	刷剧 不喜欢运动	
女儿眼里	抓紧时间办公 肯用功 善良	勤劳 用功努力 抓紧时间	不喜欢运动 勤劳过头 心急	肯用功 善良
爸爸眼里	温柔 善良 注重效果和性价比	温柔 善良 注重效果和性价比	没啥兴趣爱好 有时急躁 不善于当面表扬人	注重性价比 音乐品位相似 价值观相似

我们眼里的爸爸：

	最典型的三个个性特征/习惯特征	我最喜欢的三个特征	我不太满意的三个特征	我们的相似之处
自己眼里	看书 听音乐 思考	能够去理解人 对他人充满善意 喜欢热闹	不能理解人 害怕周围人的负面反馈 想象大于实证	
女儿眼里	刷手机 戴耳机 讲课	有思路 喜欢看书 有知识	刷手机 戴耳机 浪费时间	磨蹭 浪费时间 爱运动
妈妈眼里	烧饭 塞耳机 刷抖音	烧饭 改文章 帮助鸡娃	刷抖音 臭脾气 塞耳机	刷手机

写好以后，我们做了很好的分享。让我感到意外的是，她们对我戴耳机的意见很大，这是我完全没想到的。

我问女儿，为什么觉得我戴耳机不好呢？她说戴耳机就是不好。当我追问她原因时，她回答说就是不好，而且妈妈也这样说的。看来孩子一方面是凭直觉，一方面也受了妈妈的影响。

我回想了一下，我通常在什么时候会戴耳机？她们对我什么时候戴耳机意见会特别大？我想应该是妻子在教育孩子的时候。一方面妻子教育孩子的时候声音会高八度，这个声音的频率让我颇感不适；另一方面，女儿遇到困难或者被妈妈批评时，刺耳的哭声也让我烦躁不已。所以我买了降噪耳机，能让自己免于被她们的声音干扰。当然，这样做的副作用我也很清楚：戴耳机表示我置身事外，这不仅是物理上的，更是心理上的。这让妻子感觉孤立无援，不得不在继续用她的方式管教女儿的同时，声音更提高了八度。

我把我的猜测告诉了妻子，结果正如我想的那样，她觉得我戴耳机有些和她们隔绝，故而颇为不满。但我这样做，也是事出有因，我向妻子表达了我"置身事外"的更深层次原因：我对她的严密规划且注重结果的教育行为不认同，而我主张应该让孩子自主安排她的学习，甚至可以有一些不学习的时间。我的理由是，我自己就是这样过来的，而且我保持着对周围事物的好奇。对此我的妻子并不否认，但是她依然有自己的坚持，觉得时间就是应该被充分利用的。

我们的对话到这里有些艰难了，但我想我还是愿意保持跟她的沟通的。虽然我不能马上放下耳机,但至少可以把戴耳机的时间减少一些。

这次的"背靠背"还是很有收获的,期望我们后续的沟通能走得更顺畅一些。

我们家里是不是也会有一些我们自己没想到的"盲点"呢?针对这个/些"盲点",我们会做一些什么调整吗?

内在的PAC

98分?怎么扣了两分?

你怎么又粗心了?

别再磨蹭了,快点快点!

……

你这次比上次进步了1分,你是怎么做到的呢?

这次结果你觉得不理想,我们一起来看看问题在哪。

这次虽然还是有粗心的情况,但失分比上次少了,你是怎么克服粗心的?

你估计一下手里的这个事情还需要多长时间?

……

同样的情境,不同的话语,你觉得哪一种更让人舒服?而你通常脱口而出的又是哪一种呢?

我　觉察　看见

Yes or No

根据下面的描述，在比较符合自己情况的选项右边打"√"。如果有一些情况是我们没有遇到过的，就假设自己在这种情况下会如何反应。

一	1. 别人向我问路时，我会热心告知。	
	2. 对于别人的过错或失误，我会持宽容的态度。	
	3. 我喜欢照顾别人或者小动物。	
	4. 我会根据自己的实际情况捐助别人。	
	5. 我会尽力完成别人拜托我的事情。	

二	1. 别人做错事情的时候，我会立刻就责备ta。	
	2. 别人说话时，我有时会打断来阐述自己的想法。	
	3. 我是一个严守规则的人。	
	4. 我经常使用"你怎么又……""你必须……""你应该……"等话语。	
	5. 我在礼仪和做法方面比较严格或挑剔。	

三	1. 我做事效率高。	
	2. 我经常阅读各种书籍。	
	3. 在下结论前，我会先调查了解事情的原委。	
	4. 在做决定前，我会先权衡后果。	
	5. 当出现误会的时候，我会和别人协商并很好处理。	

四	1. 别人很容易从我的脸上或动作上知道我的情绪。	
	2. 我想说就说，没啥顾忌。	
	3. 我是一个充满好奇心的人。	
	4. 我经常使用"哇""不得了""好帅啊"等感叹词。	
	5. 在玩耍的氛围里我会轻松地融进去并玩得很开心。	

五	1. 我说话、做事不太考虑后果。	
	2. 我常常使用一些"凭什么……""我偏不……"等语句。	
	3. 我常因小事和别人发生不快或矛盾。	
	4. 我不惧怕权威，有时还会和他们唱对台戏。	
	5. 我常有一些我认为标新立异但别人认为违规违纪的想法和言行。	

六	1. 我很在意别人对我的评价。	
	2. 我很容易受父母及他人影响。	
	3. 即便勉强，我也会为了让别人对自己有一个好印象而努力。	
	4. 哪怕心里不满意，我也不会在脸上或者言语举止中表现出来。	
	5. 我说话、做事常有所顾忌或看他人脸色。	

我们内在的 PAC

我们说话的方式和语气，其实是我们内在自我状态的呈现。

加拿大心理学家伯恩提出过一个相互作用分析理论（也称"人格结构分析理论"或者"交互作用分析理论"等）。他认为，每个人的自我状态（ego state）都由"父母（Parent）""成人（Adult）"和"儿童（Child）"这三种心理状态构成，所以简称"PAC 理论"。

我们每个人——不管年龄、性别、职业等因素——的人格中都有这三种状态，只不过这三种状态在每个人的人格结构中所占比重不同，通常会由一种状态占主导，因此也会表现出与之相应的言语和行为表现方式。

如果再具体一下，我们可以看到 P 和 C 还可以细分。

	分　类	特　点	内在语言
P	NP: Nurturing Parent 抚育型父母	关心，照顾，保护，安慰，原谅，温暖，有同情心	我来照顾你，帮助你。
	CP: Critical Parent 批评型父母	批评，教训，管理，规则，秩序，目标，权威性和掌控感	我说的才是对的。应该……必须……
A	Adult 内在成人	冷静，尊重，客观，理性，有逻辑，谋求双赢地解决问题	让我们一起来商量。
C	FC: Free Child 自由小孩	天真，无拘无束，有创造力，个性自然流露	我喜欢自由自在!
		逆反，攻击，故意，易怒，意气用事，不负责任	我为什么要听你的! 关我什么事!
	AC: Adapted Child 适应型小孩	服从，讨好，保守，担心，怕出错，谨言慎行	是我不好，我错了。我很在乎他人的想法。

前面小调查中的一至六，相对应的类型如下：

一	二	三	四	五	六
NP	CP	A	天真童心的FC	叛逆攻击的FC	AC

你打 ✔ 较多的前三项是什么呢？

PAC 与人际互动

我们通过一个例子来说明 PAC 对人际互动的影响。

孩子：妈妈，看见我的眼镜了吗？

这个例子也可以换成家里的任何一个成员在找某样东西时询问其他人的情境。

通常情况下，你会怎么回应？在（　）填入这样回应时你的情绪感受。这时对方又有什么反应和情绪呢？连连看。

注：如果你们家的情形不在以下列出的情况中，请你填在横线处。

我的回答	对方可能的反应
▲在茶几上。（　）	▲没有说话，但看得出不高兴。（　）
▲没看到，我们一起找找？（　）	▲我就是问一下，你用得着发这么大火吗？（　）
▲没看到，你先找找看。（　）	▲谢谢妈妈。（　）
▲没看到，我是你妈，不是老妈子，不要一有事就叫人，自己去找！（　）	▲你就回答看没看到就好了，说那么多废话干吗呢？（　）
▲跟你说了多少遍，放东西要放在固定地方，你为什么老是这么没收拾！（　）	▲我怎么知道你收拾房间时会不会给我放到其他地方了？你只知道收拾，收了又不知道放哪里了，还不如不收！（　）
▲你的眼镜你自己放的，又没叫我保管，我怎么会知道？（　）	▲好的，我去找找看。（　）
▲我又没去过你房间，我怎么知道？（　）	▲我找到了。（　）
▲让我想想看，我好像在哪看到过？（　）	▲你难道就没有过到处找东西的时候吗？（　）
_____。（　）	_____。（　）

回想一下，我们怎样说话会引发不开心甚至矛盾冲突，怎样说话可以妥善解决问题呢？

我是 NP 过多的父母吗

在我们和孩子的交往中，适度的 NP 状态，可以让孩子拥有足够的爱、温暖和安全感，也让孩子学会关心他人，富有爱心和同情心，体谅和包容他人。

如果 NP 太少，孩子在缺乏关爱和温暖的环境中成长，就容易变得孤僻、冷漠、自卑、不愿交流等，没有被爱的感受，也不懂得怎么去爱人。就像有的孩子觉得自己虽然有父母，却是精神上的孤儿。

如果 NP 过多，那就很可能"爱之适足以害之，爱之纵足以杀之"。

◆ "碎碎念"的父母

"你记住了吗？……"

"你记住了吗？……"

"你记住了吗？……"

重要的事情说三遍，是很多父母的执着。原本是发自内心的关爱，却不知道一遍又一遍的提醒，很容易既成为让孩子情绪波动的"噪音"，又让孩子耳朵听出了老茧，心中只有"你

为什么要说那么多遍"的抱怨,早已忘记提醒的内容,还搞得自己被孩子嫌弃。

"碎碎念"的背后,归根到底还是我们有一颗不平和的心,不相信孩子的能力,觉得不反复提醒,肯定会耽误事情,唯有重复多遍才能安心。

事实真的如此吗?那如果没有人再三提醒,孩子是不是就寸步难行了?

◆ "推土机"父母

"巨婴""妈宝""啃老族"的背后,通常都有一个过分保护孩子、抢先为他们"冲锋陷阵"铲除一切障碍的父母。

"推土机"行为的背后,实则是父母不相信孩子有做好事情的能力,或者没有愿意等待孩子去探索发展的耐心。看上去眼前顺风顺水,其实阻碍了孩子能力的发展。该让孩子自己做的,你帮ta做了,该让孩子自己承担的,你替ta扛了,或者总是用"ta还是一个孩子""长大以后ta自然就会了"来为自己和孩子进行辩护。这样的做法,不仅让孩子缺乏独立自主和独立生存的能力,也让其没有独立思考和敢于面对困难、承担责任的意识。遇到问题就想寻求依靠或是推卸责任，没人帮助就容易退缩或是怨天怨地，这样的孩子，能够走多远呢？

把孩子当成独立的个体，尊重ta在成长过程中必须的体验。如果我们担心孩子被开水烫着，我们应该做的是让孩子学习怎么不被烫，而不是不让ta烧开水。

我是 CP 过多的父母吗

在生活中我们可以看到，现在有的家长太过于尊重孩子的天性和自由发展，忘记了最基本的规则和礼仪的教导。我们应该对孩子有适度的管教，但要留心不要滑入全然操控的程度。

◆ "直升机"父母

"直升机"父母是指像直升机一样盘旋在孩子的周围，时刻监控孩子一举一动的一类家长。他们不仅像"推土机"父母那样随时准备着帮孩子解决问题、扫除障碍，还对孩子有很强的操控感，期望孩子所有的一切都在父母的掌控之中，按照自己为孩子设计的道路前行。吃什么、学什么、穿什么、玩什么、和谁玩、在哪读书，安排各式各样"对ta好"的补习、活动……

以"爱"的名义监控和过度干涉孩子的生活，让孩子更容易分心、焦虑、压抑，也常常容易激发其反抗父母管控的言行。什么都被安排，没有自主选择的权力和空间，有多少孩子愿意成为父母手里的提线木偶呢？

◆ **指责型父母**

如果我们看到孩子有一点和我们期望不一致的地方，CP就占据主导的话，那么孩子就一直生活在被指责的家庭中，ta熟悉的家庭氛围和交流模式就是——被指责。

从小处在这种环境中的孩子，容易习得性地被塑造成两种倾向的人：

◎ 一直被指责，觉得自己什么都做不好，做事总是胆战心惊，生怕哪里没做好又会遭到父母的指责，慢慢地，敏感、胆小、自卑、懦弱、无所适从的痕迹就开始在生命中滋长开来，变得越来越没自信，自己都觉得自己一无是处，甚至常常觉得自己没有存在感，人生也没什么意义。有的时候，孩子也会试图反抗，但可能会遭到更厉害的指责甚至打骂。在这种情况下，有的孩子为了自我保护，无师自通地学会了用讨好的AC方式来应对父母的指责，不敢有自己的想法，不能表达自己的意见，只能唯唯诺诺忍受，或是委屈自己讨好对方。甚至有的孩子因为一直处在指责中，最后选择了极端的方式。这，是我们期望孩子的成长方向吗？

◎ 在被指责中学会了指责，因为孩子在家庭中学会的处理问题的方式就是指责。当有一天孩子的力量更大时，ta觉得有力量反抗时，ta可能就会也用CP来指责父母。我曾经碰到一个家庭，妈妈从小管教孩子的方式就是做得不对或不好时就是劈头盖脸地批评责骂。当有一天妈妈又开始这一套并想动手时，已经长得比她还高的儿子突然大吼一声，手一推，妈妈一下摔到了地上。从此以后，家里的氛围就从单向的指责变成了双向的指责。坐到咨询室后，妈妈后悔了——儿子身上呈现出来的就是一面镜子啊，她看到了自己张牙舞爪的样子！

我会不自觉地滑向不负责任的 FC 吗

一个四年级的孩子和妈妈一起来咨询。孩子说，因为写作业不认真、注意力不集中被妈妈骂"笨""蠢"，心里很难受，期望妈妈能好好说话，不要再这样骂自己。妈妈说："我是先跟他好好说的，但他不仅找各种理由，还回嘴'我就是笨'，我的火气就上来了。"当咨询师问孩子："你为什么这样回应妈妈呢？"孩子看了妈妈一眼："她一直这样说我，我做不好就是笨就是蠢啊！"妈妈沉默了。

当我们面对孩子的问题力不从心、束手无策时，我们可能就会在情绪脑的操控下，从 CP 转向不负责任的 FC，说出难听、威胁、诅咒、过激的话，做出冲动的事。

你怎么像个猴子一样上蹿下跳的？你这样皮，老师会不喜欢你的，同学也不会选你做小队长的。

我要被你气死了,我怎么生了你这个娃!养你有什么用!

你再这样,我就不带你出去玩了!

这点小事都做不好!你脑袋里装的是豆腐渣吗?

不好好读书,以后就只能去扫大街!

笨得要死,教条狗都教会了!

吃个饭挑三拣四的,不吃算了,饿死你!

为什么别人能做到你就做不到!

等你爸回来,看他怎么收拾你!

你简直是垃圾!

……

甚至我们会看到拿着直尺"督学",家里鸡飞狗跳,气到手捶桌子而导致手掌骨折,因为女儿说"800-700=900"而躺到马路上哭求民警拘留等各种事情的发生。

如果我们无法保持冷静,用"孩子气"的方式来解决问题,否定、打击、威胁、恐吓、暴力,不仅会让孩子内心产生焦虑、恐惧、不安等情绪,还会让他们缺少安全感,习惯性地自我否定,感到自己被父母或他人嫌弃,对父母和家庭产生惧怕甚至敌对的感觉,总是觉得自己一无是处。有的孩子也学会了"以怒制怒"的应对方式,造成恶性循环。

作为孩子最亲近的人，我们会如何选择呢？

有的家长可能会觉得很难，我不是心理学专业人士，怎么能察觉出当时处在什么状态呢？

最简单的就是体察内心的自我状态，在那一刻，你的内在语言是什么（详见前表）。如果自己觉得内在状态很舒服，互动的双方交流很通畅，这时候无需特意去觉察我们的PAC状态。

但若自己觉得不舒服，或是察觉到对方情绪不平和，或是互动的双方出现争执，矛盾的火花隐隐闪烁时，我们就需要去识别彼此处于什么状态，我们用什么样的状态会激发矛盾，用什么样的状态可以解决问题。一般来说，在对方情绪比较激动时，暂时顺从退让的"适应性儿童（AC）"状态有助于缓解可能被引爆的冲突，避免因过激情绪和冲动言行引发的不良后果。

当情绪没那么激动时，我们再尝试用自身的"成人（A）状态"激发对方的A状态，理性解决问题。

不是每一个成年人，都能在关键的时候保持"成年人"的状态。所谓的"感情用事"，就是忘了我们不仅在年龄上已经成年，而且内在还有理性的"成人状态"。

我 觉察 看见

我的思维模式

考眼力的时候到了,你看到了什么?

图一

图二

图三

图四

图一和图二是我们很熟悉的两幅图——"花瓶与人脸""老人与少妇"。

图三是"老虎与驯虎者",是不是看上去有些费力。无论近看远瞧、左瞅右瞥,怎么看都是一只张开大嘴的老虎,哪里有驯虎者的影子?可是一旦你发现了他(如下图所示),是不是以后想不再看见都比较难了。

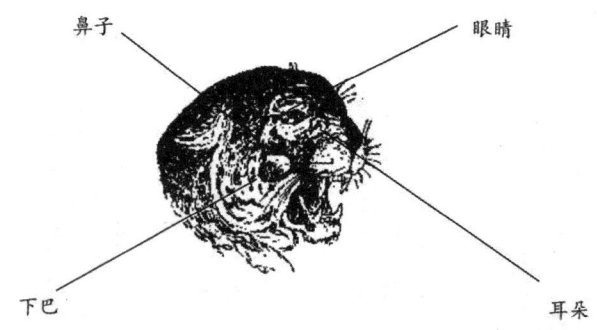

图四的难度更高了,据说这张图里有九张脸,你能看到几张呢?

两可图

我们把上面这些图称为"两可图",也就是既可以看成是这样,也可以看成是那样,这和人的知觉选择性有关。

知觉选择性是指人根据当前的需要,对外来刺激有选择地作为知觉对象进行组织加工的过程。这就是说，我们并不是对同时作用于感觉器官的所有刺激都进行反应，而是选择其中一个或几个刺激。这些被选择的刺激就是知觉对象，其他没被选择的就成了知觉背景。知觉对象和知觉背景之间的关系是相对的。此时的知觉对象可以成为彼时的知觉背景，而此时的知觉背景也可以成为彼时的知觉对象，它们之间是可以不断发生转换的。因此，我们把这些图看成是什么样子，就取决于我们在看图时把什么当作知觉对象，把什么当作知觉背景。当然，知觉的这种选择性会受到我们已有的知识经验、生活经历以及兴趣爱好等的影响。

看图是如此，生活也是如此。我们都会碰到各种各样的事情，会有各种各样的经历：兴奋的、自豪的、平凡的、受挫的、遗憾的、悲伤的、不堪回首的……面对这些刺激，我们究竟是选择哪些作为我们进行加工处理的对象？我们又用何种眼光去看待它们呢？

成长型思维 vs 固定性思维

在以下情境中，我通常会选择哪种说话方式？

情境	我通常的说话方式	
考试前	考不好怎么办？ 我一定要考到100分。	怎么才可以考好？ 全力以赴，拿住我能拿的每一分。

续表

情境	我通常的说话方式	
考试没考好	怎么这么笨! 无论我怎么努力,都没用!	你知道分数丢在哪里了吗? 有什么办法可以避免? 这次比上次有进步,你是怎么做到的呢?
遇到困难	太累了,我不想再坚持了。 这个社会对我太不友好了。	换种思路/办法再试试。 最想要去的地方,怎么能在半路就返航?
面对机会	我肯定没戏。 我没啥希望。 别去试了,免得丢人现眼。	不去试肯定没结果。去试了大不了还是没结果,但说不定就有了呢? 试试又不会有什么损失。
面对他人的优秀	ta 就是比我聪明、运气好。 这人是个威胁,提防点。	在 ta 身上,我可以有什么借鉴和学习的地方?
面对提醒/批评	关你什么事? 你难道没做错的时候吗?	有则改之,无则加勉。 谢谢你让我变得更好。
面对失败	我不行。 我真的不是这块料。 都怪你/ta……	失败是很正常的事。 失败是成长的机会。 我可以做一些什么调整/改进?
……		

斯坦福大学心理学教授卡罗尔·德韦克博士在《终身成长》一书中写道:"我们所获得的成功并不是能力和天赋决定的,更是受到我们在追求目标的过程中展现的思维模式的影响。"并由此提出了"成长型思维(growth mindset)"和"固定型思维(fixed mindset)"两个概念。两种思维方式最核心的区别就是,"成长型思维"善于思考和学习,在挑战中不断成长与突破,而"固定型思维"则是安于现状、自我

设限、停滞不前甚至倒退。

自我设限
固步自封
讨厌变化
害怕挑战
逃避退缩
指责抱怨
做不好怎么办
……

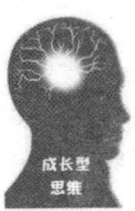
自信积极
努力尝试
勇对挑战
坚持不懈
拥抱不确定
一切皆有可能
怎么才能做好
……

2022年北京冬奥会，17岁小将苏翊鸣获得单板滑雪坡面障碍技巧比赛银牌。针对当时的裁判评分，网上有很多争论和遗憾的声音。但苏翊鸣的教练佐藤康弘通过公开信表示，他和苏翊鸣都接受这个事实，对判罚结果表示尊重，请大家终止对裁判的批评，并对金牌得主表示热烈祝贺。

"我觉得，这次的结果可能正是苏翊鸣在未来更加刻苦训练的动力。最重要的是，我们的目的是苏翊鸣全力以赴，展现最好的自己，我们已经做到，因此感到非常满意。"

苏翊鸣表示"我不在意"。在他眼里，帕罗特之前确诊了癌症，但他坚持训练，练得很辛苦，还重新站上赛场，让人敬佩。大家在赛场上是对手，但其实是一家人，在这项运动中大家相互鼓励、不断突破，这才是最宝贵的东西。年轻的苏翊鸣宣布了一个重要的决定——下赛季挑战2340的高难度动作！

无论是苏翊鸣、佐藤康弘、帕罗特还是任何一个优秀的人,都是具有成长型思维的人。他们不惧困难和失败,善于总结成功的经验,从失败和错误中学习,相信通过努力、坚持和练习,自己可以不断成长与自我实现。

如果我们期望我们和我们的孩子能在人生路上走得更远、攀得更高,那我们愿意选择什么样的思维模式呢?

爸爸&露营[①]

波琳·梅丝有一个8岁的儿子贾斯汀,他对自己的父亲一无所知,他的父亲在他出生前就离开了。母子二人的生活似乎一直过得很不错,直到贾斯汀参加了童子军。

一天晚上,当波琳把贾斯汀从一个童子军会议上接回家后,她注意到他异乎寻常的安静。"小伙子,你看起来有点

---

① 简·尼尔森,谢丽尔·欧文,卡萝尔·德尔泽尔. 单亲家庭的正面管教[M]. 杨森,张丛林,林展,译. 北京:北京联合出版公司,2017.

伤心，"她说，"出什么事了？"

贾斯汀默默地想了一会儿，然后，他抬起头盯着妈妈的脸："这个周末在湖边有童子军露营。我真的很想去，但是，其他所有的孩子都是跟他们的爸爸一起去。"

他迟疑着，担心地瞥了波琳一眼："妈妈，你很棒，但你会是那里唯一的妈妈，这会让我感觉怪怪的。而且，你不知道怎么搭一个帐篷或其他任何事。克林特的爸爸提议让我待在他们的帐篷里，但那也让人感觉怪怪的。"

贾斯汀叹了口气。"妈妈，"他伤感地说，"我爸爸为什么离开？"波琳伸出手抱住儿子，纷乱的情感和想法一股脑涌了出来。

她应该和贾斯汀一起去露营吗？也许她应该请他的舅舅或教堂的一个青年指导人员陪他去。也许，她又该开始约会了。虽然她的上一段感情已经痛苦地结束了，但是，也许贾斯汀需要一位父亲。

她像儿子一样叹了口气，不知道该做什么以及如何帮助他。然后，波琳想起曾经在一个单亲父母养育班上听到的内容：当困境出现时，不要为你的孩子感到难过，而要让他或她参与到寻找可能的解决方法中来。

如果找不到一个解决方法，就要通过积极的倾听提供支持，然后，要相信你的孩子有处理痛苦情形的能力，而不会自怨自艾。

波琳对贾斯汀说:"为什么我们不坐下来用头脑风暴想出一些可能对你有用的方法呢?我先来。我们可以告诉所有的爸爸都留在家里,以便妈妈们有机会学习怎么搭帐篷。或者,我可以打扮得像一个爸爸,并看看我能否蒙混过关。"

贾斯汀咧开嘴笑了,说:"我可以自己去露营并搭一个帐篷,其他所有的孩子在他们的爸爸睡着以后可以来我的帐篷里,我们讲恐怖故事。"

波琳说:"你可以看看乔舅舅是否愿意去,或者你可以接受克林特的邀请。"贾斯汀补充道:"我可以邀请萨米。他也没有爸爸。我们可以轮流指挥对方。"

这时,波琳和贾斯汀都笑了。然后,他们认真地看了看列出的清单。贾斯汀说:"妈妈,我不认为其他的爸爸会留在家里,而且你也绝对没办法打扮成一个爸爸蒙混过关。如果乔舅舅愿意去的话,我真的也想邀请萨米一起去。如果乔舅舅不愿意去的话,与克林特和他的爸爸一起去可能也没那么糟。毕竟,就像你一直告诉我的那样,没有人会感到我可怜,除非我感到自己可怜。"

贾斯汀靠过来,紧紧地拥抱了妈妈。"谢谢你,妈妈。"

很多父母可能都会担心单亲家庭的背景会给孩子的成长带来不利影响。其实,只要单亲父母自己拥有健康的情绪、认知和生活方式,一样可以让孩子在充满爱、安全和幸福的环境中健康成长。

如果我们一直抱着受害者的心态自怨自艾或是无休止地怨恨原配偶,那么孩子会受我们的影响,生活在不幸、压抑、可怜和愤懑之中。

但若我们愿意带着成长的心态,积极勇敢乐观地面对生活,孩子一样会被感染,就像贾斯汀所说:"没有人会感到我可怜,除非我感到自己可怜。"

我们能够给予我们孩子的最好的礼物,就是无论我们所处的环境如何,我们都对人生充满希望。就像维克多·弗兰克尔所说:"你可以从一个人身上夺走一切,但有一样东西除外,那就是人类最后的一项自由:选择你在任何一种环境下的生活态度,选择你自己的生活方式。"

正向关注练习

在下面两张纸上,你分别看到了什么?

13+5=18
12-9=3
6+9=12
19-8=11

如果你只看到了一个黑点和"6+9=12"这道错题,没有看到黑点以外的空白和错题以外还有三道做对的题,那么很可能你的视角更容易关注负向。

如果我们经常用消极否定的思维方式看周围的一切,就很容易给自己带来不好的感觉,觉得这不好,那也不行,外面都是风险,甚至以偏概全,放大消极影响,从偶然的不顺或者失利就得出"自己不行""ta 就是不好"等非理性结论,影响情绪和生活。

所以,我们在生活中要有意识地多训练自己正向关注的视角,这不是说我们要回避问题、粉饰太平,而是当我们用正向积极的思维看待自己及身边的人、事、境遇时,我们会以更具有成长性的心态来解决我们遇到的困惑和问题,生活也会更加有滋有味。

在我们的日历上,不妨每一天都记录一笔,某个人、某句话、某朵云、某个瞬间……任何今天发生的美好,记下来。

路边不知名的小花,
每天匆匆路过,
只有蓝色的模糊印象。
蹲下来,
将如此美丽的色彩和花蕊,
放入美好的记忆。

与情共舞

镜头一:一个男孩因为考试没有达到家长期望的95分以上,被妈妈打骂后丢在高速公路入口,妈妈驾车离去。当民警联系上男孩妈妈时,这位妈妈却决绝地说:"想走法律程序就走法律程序!反正我不要他了!不要他了!我就是不负责任,你起诉我吧!"

镜头二:一名成年男子不顾车来车往,笔挺挺躺在马路中间。民警到来时,男子正在哭。问及原因,男子说:"我女儿说800减700等于900,我不知道该怎么办了!"男子向民警表示,自己不想回家,躺在路上就是想被拘留。

泰勒·本-沙哈尔说,从幸福到更幸福的第一点:接受我们作为人类的个体不仅感受幸福,也会感受痛苦、哀伤、忧愁等各种负性的情绪。

有负性情绪很正常,但有没有想过,如果我们随意乱发泄,"买单"的会是谁?作为父母,我们的情绪稳定性、与情绪共舞的能力,对我们的孩子来说,有着重要的影响。

原始脑、情绪脑、理性脑

为什么道理我都懂,关键时刻就被情绪牵着鼻子走呢?这和我们的大脑有关。

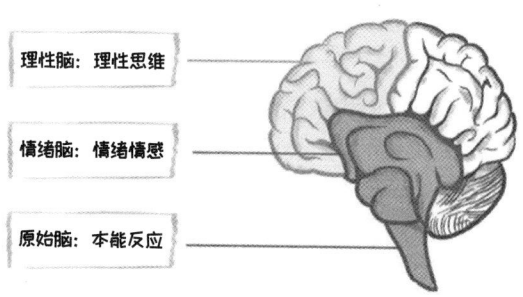

原始脑是我们最古老的"本能脑",情绪脑次之,而理性脑是最年轻的部分,从反应速度来说也是原始脑和情绪脑比理性脑快,所以尽管理性脑经常告诫我们"冷静、冷静、再冷静,有话好好说",但一到关键时刻,理性脑还没"启动",原始脑和情绪脑就已经占了上风——喉咙响了,情绪激动了,忍不住说了难听的话,说好不动手的,又控制不住出手了……

也许我们会说,我们的情绪掌控能力,和我们的原生家庭、我们的个性还有生存的压力等等有关,这是事实。但有没有发现,很多时候,并不是我们不能控制,而是我们会

"欺软怕硬"！我们更容易对亲近的或比自己弱的人发火，因为我们早已在心里衡量过得失利弊，觉得朝他们发火没有什么风险。

所以，"控制不住"是借口。只要我们愿意学习，愿意通过有意识地训练，努力做出改变，我们一样可以提升我们的情绪智慧。

还记得老虎与驯虎者这张图片吗？如果我们用老虎代表我们的原始脑和情绪脑，驯虎者代表理性脑，虽然老虎肯定比驯虎者跑得快，但通过日常的磨合，他们是可以和谐相处

的。当老虎想撒野时，驯虎者可以通过一些信号和方法提醒它。这种日常的练习和强化越多，就越容易像形成肌肉记忆一样，成为我们机体的一种自动化反应。

掌握自己的"情绪雷区"，就是避免我们情绪"触雷"的一个好办法。

我的"情绪雷区"

不想让自己莫名"踩雷"，首先我们就要清楚自己的"情绪地图"中有哪些"雷区"，这些"情绪地雷"通常长什

么样子?

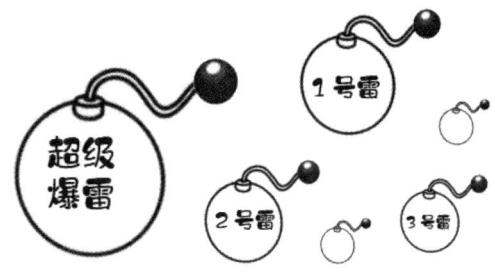

例如:

当我很忙或处在生理期的时候,我很容易感到疲乏,没有耐心,对他人要么爱理不理,要么就说话很"冲"。

当我辅导孩子学习,讲了几遍孩子还是听不懂的时候,我很容易发火,我就会提高嗓门,甚至会动手。

当我看到孩子闹情绪的时候,我就容易心烦意乱,我会大声训斥甚至揍人。

如果别人没有答应我的请求,我就很沮丧,也会很生气,不想再和对方有来往了。

"情绪地雷"被"引爆后",杀伤力有多大?

我常常觉得自己像个易燃易爆品!可是,每每情绪爆发后,我都会自责,自责后反思,反思后痛下决心,决不再犯!

可是,可是,唉……你懂的。

我想了解自己的情绪是否给孩子造成了伤害。我特意找了一个时间,装作漫不经心地问孩子:"宝宝,妈妈生气时,你是什么感觉?"

孩子想了一下说:"像大海立了起来!"

那一刻,我惊呆了!原来,对于孩子来说,我的脾气就是一场海啸。亲爱的,你的孩子经得起你多少次的海啸?!①

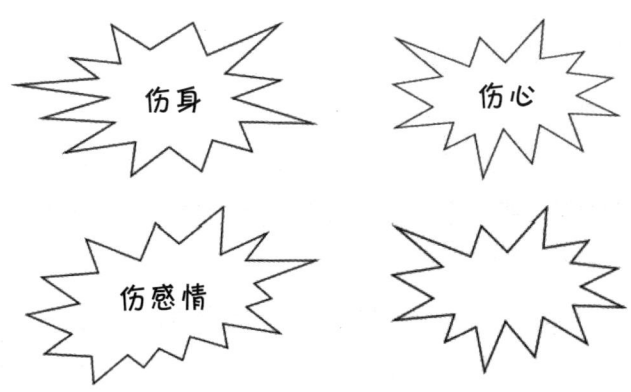

找出"情绪地雷"的导火线

导火线通常有这样一些:

◆ 和生理状态有关。比如说我们处在某种身体状况和生理周期时,"情绪地雷"的"燃点"会比较低,那我们就需要知道自己身处什么生理状况的时候,得额外小心,不要触发"情绪地雷"。

◆ 和工作压力有关。比如说我们正好手里的工作很

---

① 海兰博士.不完美,才美Ⅲ[M].北京:京华出版社,2019.

多，完成期限紧张，合作伙伴掉链子等。

◆ 和心理状态有关。如果我们本身有"高敏感"的特质，或是正好处在负性情绪中，这时情绪易激惹的阈值就会比较低，反应也更强烈。若我们被看见、被关爱、被尊重、被认可、被支持等内在需求没有得到满足，有可能还会产生连锁的"引爆"反应，将压抑在深层的情绪点燃。

◆ 和我们内在的想法或者信念有关。美国心理学家阿尔伯特·艾利斯（Albert Ellis）认为，引起负性情绪反应、行为后果的真正原因，并不是外界的负性事件，而是人们对事件的不合理信念。

如果我们的内心有很多固执而缺乏弹性的"应该"和标准，当外界环境、事态发展、他人言行没有吻合我们的标准和期望时，我们的"情绪地雷"也很容易被点燃。

> 不合理信念的几个特征：
>
> ◆ 绝对化的要求：以自己的意愿为出发点，对某一事物怀有认为其必定会发生或不会发生的信念，它通常与"必须""应该"等连在一起。如："考试必须考到95分以上""别人必须很好地对待我""我应该可以获奖"等等。

◆ 过分概括化：以偏概全、以一概十的不合理思维方式，以一件事的成败来评价整个人的价值。自己做错了一件事就认为自己一无是处，别人一旦做得不好就全盘否定。如"没考到95分以上就是笨，就是不行。"

◆ 糟糕至极：认为如果一件不好的事发生了，将是非常可怕、非常糟糕，甚至是一场灾难。这种想法常常是与人们对自己、对他人及对周围环境的绝对化要求相联系而出现的。如"我应该可以获奖"，但却榜上无名，觉得实在是糟糕到了极点。

"避雷/扫雷"行动

◆ 友情提醒

对于无法回避的"雷区"，比如说我们肯定要遇到生理期或者工作忙碌的时候，这个"雷"肯定是存在的。那么，一方面我们可以提醒自己，这个时候我们可以做些什么来避免踩雷，比如说少做点非必须的家务活，好好休息，恢复精力，不要把自己绷到最紧；另一方面记得告诉身边的人，现在自己正忙，或是自己容易不在状态，请他们多理解体谅，避免他人不知情误入"雷区"。

◆ **积极暂停**

当感觉到自己的"情绪地雷"开始"蠢蠢欲动"时，请先暂停一下，离开现场。如果条件不允许，可以暂时转过身去，拉开距离。

如果一开始自觉暂停的意识还不够，那么我们可以在醒目位置做一个"暂停牌"提醒自己。就像一位妈妈和喜欢扮演消防员角色的儿子一样，一起用糖果空罐和超轻粘土，做了一个"情绪灭火器"，放在醒目的位置。每每要发火时，记得往"灭火器"的方位看一看。

◆ **柔和身心**

身体是情绪的"信使"，任何情绪都会伴随身体的反应。当紧张的身体柔和了，情绪自然也就会平和。我们可以做哪些事情让自己身心放松、感觉好一些呢？

◎ 做几次深呼吸，将胸口的怒气或者怨气吐出去；

◎ 看着窗外，吹吹风，慢慢地喝水；

◎ 听一些喜欢的乐曲；

◎ 照照镜子，让自己脸部僵硬的肌肉慢慢松弛下来；

◎ 回想一些愉快的时光。

我 觉察 看见

我还可以做：

◆ 觉察情绪

情绪的觉察包括两个方面，外显的情绪和内在的意义。如果我们用冰山图来表示的话，海面以上的部分是当下的情绪本身，包括情绪的质和量以及表现等，海面以下的部分是情绪蕴含的信息，是我们蕴藏在内的过往经历、想法、需求、期待、对自我和世界的认知与信念等。

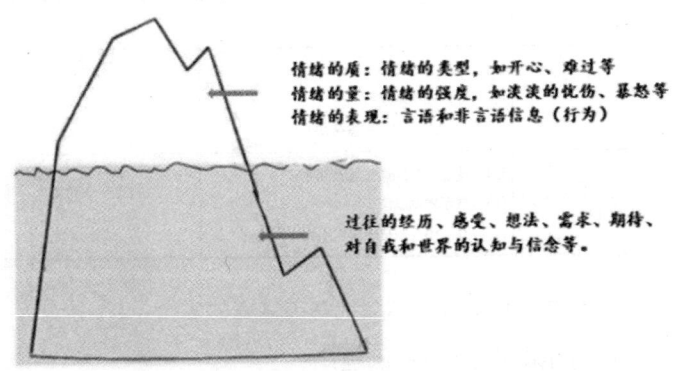

情绪的质：情绪的类型，如开心、难过等
情绪的量：情绪的强度，如淡淡的忧伤、暴怒等
情绪的表现：言语和非言语信息（行为）

过往的经历、感受、想法、需求、期待、对自我和世界的认知与信念等。

思考一下：当自己处在某个负性情绪中时，这个情绪是简单的情绪还是掺杂着其他复杂的情绪？如果有，它们会是什么？当我处在这个情绪中时，我有哪些感受、需求和想法呢？

◆ 正向思维

对于非理性想法/信念导致的"情绪地雷"，艾利斯提出的 ABCDE 自我辩驳法，可以帮助我们改变习惯性的消极思维，强化积极的思维。

A（Activating event）激发事件：诱发性事件。

B（Belief）信念：对事情的想法或解释。

C（Consequence）后果：情绪反应和行为后果。

D（Disputation）辩驳：与自己不合理的信念进行质疑。

E（Effect）效果：积极的情绪和行为。

◎ 记录 ABC，思考自己对激发事件的自动化看法

A 激发事件	B 原有想法/信念	C 后果
请人帮忙被回绝	B1：我好失败…… B2：他们都不喜欢我…… B3：他们太冷漠、不肯帮助人……	沮丧、难过、自卑、愤怒……
讲了三遍都还没懂	B1：这么简单的讲一遍就够了…… B2：真是榆木脑袋…… B3：我没用，教孩子都教不会……	生气、失望……

◎ 辩驳，用合理的信念代替不合理的信念

我们可以问自己这些问题：

——我这样想，我的目的就达到了吗？

——我这样想有事实依据吗？符合现实情况吗？

——这个是偶然的个例还是每次都是如此？

——对我的生活会造成什么样的影响？是积极的还是挫败的？

——我的信念符合逻辑吗？

A 激发事件	B 新的想法 / 信念	C 后果
请人帮忙被回绝	B1：对方可能觉得没能力帮忙； B2：对方有不帮的权利； B3：对方很忙，没有时间。	接纳、寻找其他资源……
讲了三遍都还没懂	B1：我讲的方法可能不适合 ta； B2：ta 可能还需要多一点时间来理解。	释然、接纳……

回到前面的"情绪雷区"，重新审视一下导火线——我的想法是否合理？除了这些想法，我是否还可以有一些新的不一样的视角呢？

坚持用正向思维对话情绪，我们就会发现"情绪地雷"开始逐渐变小减少！

事件	原有想法	原有后果	现在的想法	现在的后果

◆ 真实表达感受和需要

马歇尔·卢森堡的《非暴力沟通》一书中有这样一个例子[①]：

约翰： 三个星期前，我向监狱的官员提出了一个请求，至今他们仍没有反馈。

马歇尔： 发生这个事情后，为什么你会生气呢？

约翰： 我刚才已经和你说了，我生气是因为他们没有回应我的请求。

马歇尔： 等一下。在你说"我生气是因为他们……"时，停下来想一想，你和自己说是什么让你生气了？

约翰： 我没和自己说什么。

马歇尔： 好，现在停下来，好好体会一下你的心情和想法。

约翰（沉默了片刻，然后说）：我告诉自己，他们一点都不尊重人，他们冷漠无情，只在乎自己的利益。他们真是一群混蛋……

马歇尔： 谢谢。这足够了。现在你知道自己为什么生气了吗？是因为这些想法吗？

约翰： 但是，这样想有什么不对？

马歇尔： 我不是说你这样想有什么不对。我也没有说，你不该说他们冷漠无情、自私……但是，这样的想法让你

---

① 马歇尔·卢森堡. 非暴力沟通[M]. 阮胤华, 译. 北京：华夏出版社, 2009.

很生气。想一想，你有什么需要，"在此时此刻，你需要什么？"

约翰（沉默了很久，然后说）：马歇尔，我需要他们让我去参加那些培训。如果我无法参加那些培训，出狱后，我还会再进来的。

马歇尔：现在你把注意力放在了你的需要上。你是什么样的心情？

约翰：害怕。

马歇尔：现在，假定你是监狱的官员，而我是犯人。如果我把你看作是冷漠无情的官僚，即使我没有当面指责你，那样的想法也会通过眼神流露出来。如果我和你说"我真的很需要那些培训，如果无法接受培训，我担心我迟早还会被送进监狱……"与把你看作是冷漠无情的官僚相比，哪种方式更可能使我的愿望得到满足呢？

（约翰眼睛直盯着地板，沉默不语。）

马歇尔：嘿，伙计，在想些什么？

约翰：说不出口。

三个小时后，约翰过来和我说，"马歇尔，我真希望，你两年前就和我说你早上的那番话，那样，我就不会杀了我最好的朋友。"

在上面这个案例中，约翰生气的情绪下面有什么真实的需要吗？他与监狱官员的沟通有效表达了他的需要吗？

当我的"情绪地雷"被触发时，我是有什么需求没有得到满足吗？我表达出我真正的需求了吗？

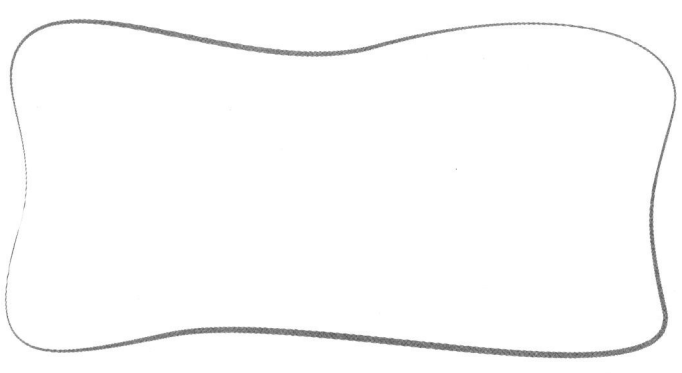

比较一下，下面哪种表达更能让对方了解我们的需求，彼此的情绪也更平和。

你就是没有收拾，书扔得到处都是。

把你的书放进书柜吧。

你不知道我今天事情很多，人很累吗？

今天我很累，你洗一下碗哈。

你没看到那些衣服在阳台上挂了好几天了啊！

收一下阳台上的衣服好吗？

◆ 坚持练习

不要让这些"我们都知道"的道理和计划只停留在"理性脑"层面,而是要让三脑在日常生活中紧密合作,随时提醒,坚持强化,这样我们才可能在靠近"地雷"的那一瞬间,及时避开,不会说出过激的话,做出让自己后悔的事情来。

发脾气是本能,不发脾气是本事。

托住自己的情绪

孩子的情绪反应深受父母的影响,我们处理情绪的态度和方式会影响孩子应对情绪的经验,同时也是稳定孩子情绪的最主要来源。

这是我的妈妈,
她今年8岁了。
我之所以说她8岁了,
是因为,
生下我之前,
她只是一个女孩子,
生下我之后,
她才是一个妈妈。
我今年8岁了,
所以,
我的妈妈也8岁了。

我8岁的妈妈,
有时也不够好,
做事有点追求完美,
偶尔还爱发脾气,
难过时会哭鼻子,
生爸爸和我的气时,
竟然惩罚自己不吃饭。
但是,我很爱她。
因为,
8岁的妈妈和8岁的我一样,
都不够好,但都很努力。

这是网上的一首小诗,我们从诗里可以看出,8 岁的妈妈在生气时用的是"惩罚自己"的方法,这其实是一种不理性的"身教"。

回想一下,在负性情绪面前,我有没有类似的不恰当应对?如果孩子也是这样,我能接受吗?

> 摔东西(摔碗、摔书、摔手机等)。
> 扔东西(扔手里能拿到的一切东西)。
> 撕东西(如把孩子的书撕了)。
> 口不择言……

有一次跟儿子不开心后,我还有些生气,心里发誓以后不再给他做好吃的。没想到孩子吃冰激凌的时候,端着碗来先给我吃。那一刻,我觉得好惭愧。在情绪的应对上,有的时候,我们还不如孩子。

孩子的情绪比较简单,来得快去得也快,但很多时候我们大人的情绪是"来得快去得慢",我们陷在情绪泥潭中难以自拔。所以,当孩子的情绪已经翻篇时,我们也要用崭新的情绪去面对。如果我们能选择恰当的情绪应对方式,主动翻篇,孩子也能从我们身上学会正向的情绪调适。

我们托得住自己的情绪,才可能托得住孩子的情绪。

我 觉察 看见

附： 以"给孩子辅导学习，讲了几遍 ta 都不会，我很生气"为例，来说明如何"与情共舞"。

"情绪地雷"分析	"避雷/扫雷"方案
"地雷"（激发事件） 给孩子辅导学习，讲了几遍 ta 还是不会。	减少激发事件出现概率的方法： 少管孩子的学习； 让孩子不懂时问老师； 自己学习适合孩子的讲解办法； 给孩子多一点理解时间； ……
导火线（易燃因素） 身体状态：特别疲劳/生理期。 工作状态：很忙，事情很多、很复杂。 心理状态：本身情绪不佳，有不合理想法 ……	有技巧的应对行为： ◆ 降低易燃性： 主动提醒：跟家人说自己很累。 主动休息：先恢复体力和精力。 主动回避：告诉孩子今天有问题可以怎么办。 …… ◆ 积极暂停：暂时搁置讲解，用冷水洗个脸，回自己房间……
情绪反应和背后的想法： 生气：我对自己很生气，说了不发火，还是忍不住。 着急：学习不好，将来怎么有竞争力啊！ 焦虑：不提前学一点，怎么考得好？ 心疼：我生气骂了 ta，看看 ta 的样子，其实我也很心疼。 无助：我又要上班，又要管孩子，心力憔悴。 后悔：我不应该忙于工作，忽视了对孩子的陪伴。	◆ 柔和身心：深呼吸，听音乐…… ◆ 调整想法： ◎ ta 现在不能理解，不能代表一直不能理解，也不能说明 ta 就是笨，ta 需要一些时间来消化。 ◎ ta 不理解，有可能是我的问题，我讲的和 ta 的能力水平不匹配。 ◎ 我给 ta 讲的这些是不是超出了 ta 的"最近发展区"？ ◆ 正面而温和的表达：这个可能现在有点不好理解，我们先放一放，把其他的先完成。 ◆ 发展应对技能：合理安排时间，提高工作效能，继续修炼自己的情绪调节能力…… ◆ 寻找支持资源：请教老师，请队友一起参与，寻找伙伴在工作上的支持……

续表

"情绪地雷"分析	"避雷/扫雷"方案
"地雷"的杀伤力（影响后果） 伤身：影响身体健康，胸口痛，可能心梗；如果还有动手，那么彼此的皮肉筋骨都会痛甚至受伤…… 伤心：情绪爆发，愤怒难忍，生气难过，孩子害怕、紧张…… 伤感情：亲子关系紧张，家庭矛盾…… 其他影响：做事效率下降，无心工作…… 更远的后果：孩子厌恶学习，亲子对抗……	不一样的后果： 更耐心； 接受度更大； 情绪更平和； 亲子关系不受影响； 孩子学习有兴趣； ……

我 觉察 看见

"焦"还是"虑"

综艺节目《少年说》中,有这样一幕①。

一个女孩站在阳台上,"吐槽"自己的妈妈一直把自己和那个"全班第一、全年级第一、全校第一、全联盟第一"的学霸女闺蜜作比较,还老是说"你看你成绩这么差,为什么她会跟你做朋友呢?"

女孩说:"妈妈,孩子不是只有别人家的好,你自己的孩子也很努力,你为什么也不看一下呢?"

站在台下的妈妈表情严肃地说出自己的一堆道理,女孩已经开始有点想哭。妈妈继续说:"我知道我一直在不断地打击你,因为我认为在你的性格

---

① https://www.bilibili.com/video/av26313020.

里头，其实你要不（被）打击，你就可能有点飘。"

女孩一边抹眼泪一边说："我说了我不适合激将法，你们老是在这里打击我，我就一定会觉得自己很差，但是你们从来没有改过。"

妈妈依然不为所动，女孩哭着走下了台。

接着上台的就是那个"四全第一"的"别人家的孩子"。她大声地说："我就是刚才她说的那个'别人家的孩子'，在我们家，也有'别人家的孩子'！我的妈妈就经常跟我说：'你看看你们班的那些同学，每一个人体育都及格了，而你呢，什么都不行！'"

妈妈紧蹙的眉头、板着的表情、缺乏情感的语气，隔着屏幕，我们都能感觉到扑面而来的焦虑。

焦虑，是个警报器

焦虑，是我们自我保护的本能之一，是对威胁的应激反应。因为焦虑的存在，人类才能够对潜在的危险做好准备，从而在"物竞天择，适者生存"的自然法则中得以存续至今。

来来来，撸起袖子加油干

★ 提升我们的警觉性，规避潜在风险；

★ 让我们更加专注，行动力更强；

★ 激发创造力和动力；

★ 居安思危，未雨绸缪；

★ 调动更多的资源，为各种可能做好更充分的准备；

……

但是，焦虑也是有破坏性的。当它发出这样的警报时，我们就要当心了。

 急急急，伤身伤心伤感情

★ 眉头紧锁，心事重重；

★ 吃不香、睡不着，坐立难安；

★ 敏感、易情绪化；

★ 情绪化，面目可憎，大喊大叫；

★ 记忆力下降，感觉衰老；

★ 难以集中注意力，工作效率低下；

★ 身体开始出现不舒服症状；

★ 亲子关系剑拔弩张；

……

虑在当下

当安全面临威胁时,人都是会焦虑的,这是非常正常的反应。尤其是有关我们自身、家人和重要他人的事,不焦虑更是不可能的,除非是隔壁家的老王,邻居家的孩子,我可以不焦虑,因为和我没啥关系。

焦虑,是有意义的,但我们需要识别这个意义对我们是建设性的还是破坏性的。

拿一张纸,分成三部分,分别写下"我有哪些担心""我会因此而说什么做什么""由此产生的后果",权衡这些后果给自己带来的是正面还是负面的影响。

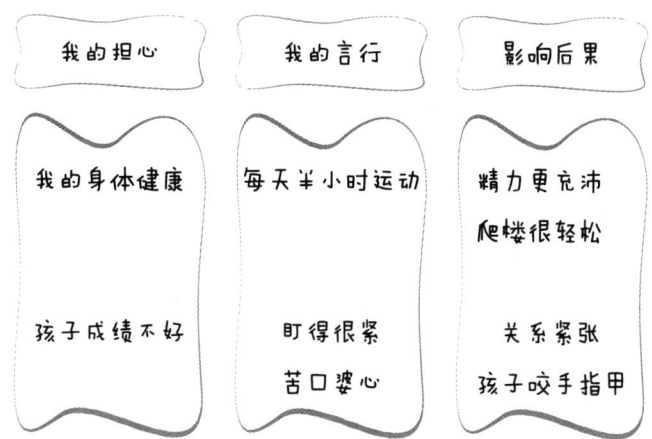

我们焦虑，是我们期望生活得更好更安全。但若我们在焦虑的驱使下，生活变得更糟时，我们不妨问问自己：

★ 我担心焦虑的是什么？

★ 这个担心焦虑是单因素的，还是有其他因素的掺杂？

★ 我的这种担心焦虑对我的期望是阻力还是助力？

我们都知道焦虑是有传染性的，尤其是涉及到亲子之间，有的时候可能孩子的情绪还可以，但家长的负性情绪会放大焦虑带来的消极影响。所以我们需要整理一下情绪，做一个选择，如果是助力，我们可以继续；但如果没有用甚至有反作用，让我们的生活开始"变形"，我们是不是要和自己大喊一声"停！"

例如，给孩子辅导学习，怎么讲孩子都还是不会，有的家长就开始焦虑附体了。如果我们选择的办法是提高嗓门、拍桌子、责骂甚至动手，孩子就马上弄懂了吗？我想不会的。有理不在声高，这个时候，我们需要做的是转换思考：有没有更适合孩子的讲法？或者多给孩子一些时间？或者让孩子上学时向老师同学请教？

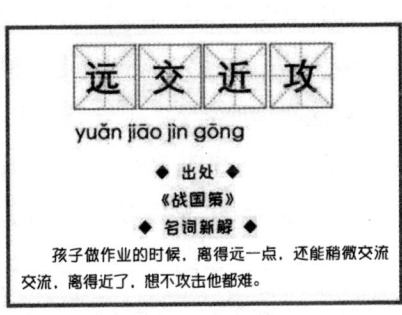

远 交 近 攻

yuǎn jiāo jìn gōng

◆ 出处 ◆

《战国策》

◆ 名词新解 ◆

孩子做作业的时候，离得远一点，还能稍微交流交流。离得近了，想不攻击他都难。

有的父母可能会说:"道理我都懂,但关键时刻就是做不到。"如果我们觉得自己无法控制焦虑,那就找一个安静的环境,想想初心——我们之所以焦虑,是期望无论我们还是孩子,无论是现在还是将来,都能有好生活。但是,如果我们当下的身心健康和家庭关系都已经受到了破坏,无论对自己还是队友、孩子,都是一个负担!

把自己照顾好,也是美好生活的重要部分。

你,真的要和捣蛋的焦虑搅在一起?

拥抱不确定

2021诺贝尔物理学奖授予了三位对"理解复杂系统做出突破贡献"的科学家。发布会的最后,诺贝尔奖委员会发言人对这次物理学奖做了一个总结:"自然界观察到的大量现象都是无序的,而拥抱噪音和不确定性,是通向可预测性的重要一步。这句话,送给笼罩在人生不确定中的全人类。"

在"现实与可能""当下与未来"之间,我们拥有了更多的选择,也会感受到更多的不确定,但并不意味着我们就不能有效面对未知和变数。我们总要尝试给自己一些去接近"从容"的机会。

◆ 像接纳天气一样接纳生活

天气预报说明天局部地区有暴雨,我们会做什么?是担心我所在的地区是不是属于局部呢？还是出门的时候带好雨具，穿好防水鞋？

走在路上，太阳很好，突如其来开始飘雨，我们是不是马上会去寻找避雨的地方或者工具？

乱穿衣的季节，厚衣服白天可能会热，薄衣服早晚又有点凉，怎么办？我们是不是会做一些搭配，穿脱自如？

发现没有，在天气变化面前，我们做的就是一个接纳现实做出选择的过程。在这个过程中，我们基本不会在这上面有太多的心理内耗。我们每个人都有接纳天气变化的能力，那就试着把这个能力迁移到其他的事情上。

像接纳天气一样，接纳生活中遇到的各种问题。

◆ 定心，扩大掌控圈

如果我们把情绪、时间和精力耗费在不确定的不能控制的事情上，会增大甚至夸大这部分对自己的影响，带来冲击、压迫甚至窒息的感觉。如果我们把眼光投向自己可掌控的部分，把未来的不确定转化成当下可以把握的，逐渐增大这部分的空间，提高自我掌控的节奏感，那我们的情绪和生活会好很多。

找一张纸，画一个圆圈，圈里面写上我们可以掌控的，圈外面是我们不能掌控的。

比如说，我们会不会生病，什么时候生病，生什么病，这些都是我们无法掌控的，那它就在圈外；但是，我们可以通过哪些健康的饮食和生活习惯，减少生病的概率，这是我们可以掌控的。

我们不能确定考试题目的难度，孩子测验能考多少分，就属于难以掌控的范围，但我们可以鼓励孩子平时做些什么准备，努力拿住自己能拿的分，这是可以掌控的。

把困扰自己的各种想法写在圈里或者圈外，然后看看有哪些办法可以不断扩大我们的掌控圈。

不确定感会加重我们的焦虑，那我们就把注意力放在确定的可掌控的方面，所谓"尽人事，知天命"。

这其中，认知调整是很重要的，我们在前面已经有专门的讲述。

寻找系统的力量

我们是系统中的人,不是孤立的个体。焦虑可以激活我们更多的思考和探索,寻找更多的资源和支持系统。当觉得自己力不从心时,跳出原点想一想:

◎ 其他人遇到这种情况时,他们是怎么应对的?

◎ 我还有什么资源可以借力?

◎ 我的支持系统里有哪些人可以帮我,他们可以做些什么?

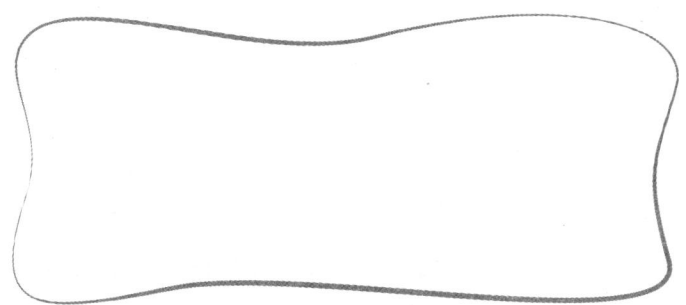

约会慢时光

◆ 放松,呼吸

冥想、渐进式肌肉放松及呼吸练习,都常常被用来缓解焦虑所带来的不适。我们可以尝试:

◎ 闭上双眼,通过鼻腔,慢而深地将气吸到肺的最底部,慢慢地从1数到5。可以把手放在腹部,吸气的时候,会感受到腹部慢慢鼓起来。

◎ 停顿,屏住呼吸,慢慢从1数到5。

◎ 通过鼻腔或口腔,慢慢地呼气,还是从1数到5(也可以时间更长一些),将气体完全呼出。

◎ 留意空气的吸入、呼出、吸入……就是单纯地觉知、放松、留意我们的呼吸。对身边的一切都保持接受的态度——鸟在叫,车子经过,有人在说话……接受它。

◎ 如此反复,呼吸3~5分钟。

当我们感觉人比较紧绷时,就可以做这个练习。慢慢地,我们的呼吸会变得平稳、缓慢而深长,重归宁静。

我们也可以深深地吸一口气,然后快速地呼出去,呼气时可以感觉到肩膀往下一沉,就像如释重负一样。重复几次,把压力呼出去。

◆ 发呆,放空

找一个地方,窗边、桌旁、水边、树下……选择舒服的姿势,什么都不做,什么也不想,像是在看什么,但又什么都没看,静静地待着。让自己发会儿呆,放空一会儿,给高速旋转的大脑"留白时间",是一种非常好的能量补给方法,也是非常享受的时光。

◆ **细细品味**

靠近一朵花,仔细地看它的外形、颜色,慢慢地嗅它的芬芳,让那气息充满你的鼻腔、肺腑和身体的深处。

煮水、温杯、醒茶、慢慢冲泡、看茶叶在水中云卷云舒、闻香、细品……

剥一个橘子,不要像平时那样一边剥一边吃。专心地剥开橘子的皮,感受它刹那间沁出的汁液和弥漫在空气中的清香。取出一瓣橘肉,放进口中,缓慢地嚼,品味果汁在唇齿间流淌的甜蜜,慢慢地吞下去,喉咙被滋润,直到我们的胃……

◆ **阅读**

我很喜欢随手翻翻汪曾祺老先生的书。他一生经历了种种坎坷和苦难,却和我们说"为人天真到像一个孩子,对生活充满兴趣,不管在什么环境下永远不消沉沮丧,无机心,少俗虑。"平淡质朴有趣的文笔里,透露出"以清净心看世界,以欢喜心过生活"的智慧。

先生说:

我想把生活中美好的东西、真实的东西,人的美、人的诗意告诉别人,使人们的心得到滋润,从而提高对生活的信念。

你很辛苦，很累了，

那么坐下来歇一会儿，

喝一杯不凉不烫的清茶——

读一读我的作品。

《人间有味，自在从容》《慢煮生活》《人间小暖》……慢慢翻开来。

慢跑、游泳、瑜伽、绘画、太极、园艺、手工制作……每个人都会有属于自己的慢生活方式。

记得留一些时间，做一些喜欢的事情，好好安放我们的焦虑，让安静内化于心，自在从容地生活。

> 我们曾如此渴望命运的波澜，到最后才发现，人生最曼妙的风景，竟是内心的淡定与从容。
> ——杨绛

压力之下,弹性之上

放学,到学校接好儿子,我们边走边聊。儿子高兴地和我说了学校发生的趣闻后,问我:"妈妈,今天上班怎么样啊?"我和他说起发生的一件有趣的事,儿子事无巨细地问我:"那个阿姨是谁?我认识吗?她为什么这么说……"刚开始我还一一回答,后来脑子里突然想到工作上的事情,说话一下就连珠炮了,"你怎么这么烦,什么都要问,我说了她的名字你就知道是谁了吗?难怪你写作文就是流水账!"孩子撇撇嘴:"本来聊得好好的,被你一下子就拉胯了。"

一路不再说话。

我也想好好静下心来,花上些许时间和孩子好好聊聊天、说说话,但不知为何有时就会莫名其妙地画风一变,露出我自己也不喜欢的情绪,说出我自己也觉得不中听的话语,让孩子很纳闷妈妈怎么突然就"变脸"了。

其实,不是我们没有耐心,我们也很努力在学习怎么保持正性情绪，怎么和孩子好好说话。但在这个竞争日益激烈的时代，处于上有老下有小的"夹心层"阶段，我们会经历比我们的父辈更大的压力。老人的身体健康、儿女的教育、自己的职业发展，家庭的各项支出……每一样都可能是一座大山。如果碰上"猪队友"甚至没队友，我们的辛苦可想而知。

但，生活还要继续。压力之下，我们可以做些什么，让自己保持良好的弹性来有效应对呢？

有压也有力

压力，无处不在；但压力也不是就一无是处。目前的主流学说认为，压力会使人体分泌压力荷尔蒙，这种荷尔蒙可以重新分布体内的资源，比如把葡萄糖集中供应大脑、调动储备能量、关闭次要功能以对付迫在眉睫的生存挑战等等。不过，长期的压力状态会引发荷尔蒙过度分泌，导致功能失调。比如，免疫系统的能力会被大幅度降低甚至关闭。汉斯·薛利（Selye, H.）就特别注意到长期压力会导致免疫力低下、溃疡等症状。

汉斯·薛利把压力分为两种：

◆ **积极压力或良性压力**（eustress）：是指愉快的或有帮助的压力，它给人带来一种愉快的满意的体验。积极压力是具有挑战性、建设性的，它可以提高个体的意识水平，增强心理警觉,发挥潜力,并常会导致高级的认知与行为表现,促进个体成长和自我实现。

◆ **消极压力或恶性压力**(distress):是指具有破坏性、伤害性的或产生不愉快体验的压力,它会导致焦虑、绝望、自我封闭等。

越来越多的研究表明,对压力的心理反应,往往取决于我们事先的期待。是把压力当成生活中必要的挑战并为这样的挑战感到兴奋,还是把压力视为洪水猛兽,动不动就觉得压力超过自己的承受极限,这在很大程度决定了我们在压力之下的心理和生理健康。

给压力做减法

◆ **盘点我的压力**

找一张白纸,想到什么都可以写在纸上。

◎ 在我的工作、生活中,我有哪些烦恼和压力?

◎ 它们给我带来了什么影响?

写好以后,我们可以根据四个维度大致归一下类。

◎ 个人成长:自己的健康状况(身体和心理)、休闲娱乐、兴趣爱好、自我实现等;

◎ 家庭状况:如夫妻关系,亲子关系,孩子的学习、成长困惑,父母的身体状况等;

◎ 职业发展:职业发展困惑/瓶颈、财务经济状况等;

◎ 人际关系:和同事、朋友的关系等。

看一下我们写的,当下我们最大最多的压力源是在哪一个方面?这些压力给我们带来的影响是积极的还是消极的?例如,我要在最后期限前完成某项工作,如果它让我有紧迫感和创造力,那么它就是积极压力;如果它让我寝食不安,分分钟想"炸毛",它就是消极压力。

◆ 给压力分分类

如果我们任由所有的压力在我们的脑中跳来跳去,我们的情绪、思维和生活就可能会像被小猫乱扯的毛线团一样乱糟糟。

问问自己:

◎ 在当下,是不是所有的压力都需要我去应对?

◎ 我有足够的时间和精力去应对这些压力吗?

◎ 如果时间和精力有限,我会优先选择哪几个?

我们可以根据上图的分类来重新审视我们的压力，根据轻重缓急制定时间进度表，看看当下哪些压力可以划掉，哪些压力需要我去面对，我可以寻找哪些有效资源的帮助，我怎么制订有操作性的计划执行单。

面对压力，我亦有方

◆ 真实的障碍 & 想象的障碍

如果我们走在小路上，前面有一块石头躺在路中间，我们会怎么做呢？

要么把石头搬到边上，要么绕开它继续走。这块石头就是"真实的障碍"，"搬"和"绕"是我们的解决办法。

那什么是"想象的障碍"呢？

我写这篇文章，或者孩子要写一篇作文，我们常常在写之前会觉得好难，然后越想越难，觉得自己没办法完成。这就是"想象的障碍"。

当我们把眼前的障碍想得太大、太难、太漫长时,我们就会害怕、就会拖延,甚至放弃。那么怎么办呢?

解决"想象的障碍"最好的办法,就是不去想结果如何,先走一小步再说。"我以为今天下午写作文会完不成,越想越困难,但我后来完成了。办法很简单,就是去写,然后想办法把句子拉长。"一位三年级的小学生如是说。

当自己觉得动力不足,想拖延或者放弃时,可以尝试"3分钟起步"这个小方法。给自己3分钟的起步时间,在这3分钟里,不考虑效率也不追求结果,时刻告诉自己,就做3分钟,我只需要完成这3分钟的任务。例如开始阅读时,不要先想着今天我要读5页还是读一章,就先读3分钟,只读3分钟。很大概率会出现的情况是,当你真正开始这3分钟后,你会发现自己很容易"进入状态",忘记3分钟已过了。

◆ 有效的应对 & 无效的应对

◎ 当我处在压力之下时,我会用什么样的办法来缓解呢?

◎ 在我缓解和应对压力的方式中,哪些方法是有效的?

◎ 哪些方法看似缓解了压力,却引发了更多的烦恼?

我们常说:"没有什么事是一顿美食解决不了的,如果有,那就两顿。"如果吃完美食以后,我们又要为体重/钱包发愁或是过度进食引发健康问题,那我们就需要考虑一下有没有更合适的替代方式。

我 觉察 看见

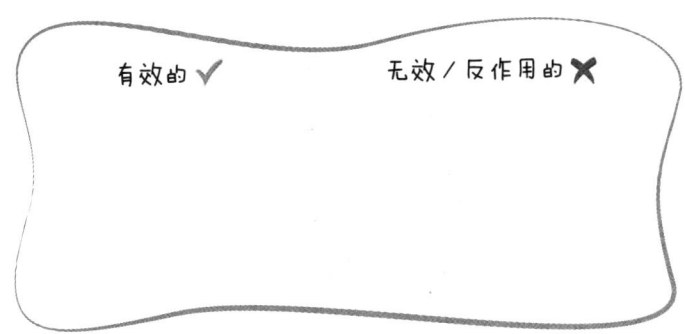

◎ 除了刚才写下的那些应对方式，我还可以尝试哪些更有效的压力调适方式呢？和家人们来一场"头脑大风暴"吧。

我的四叶草

如果这是代表我们生活的四叶草，你觉得每一天或者每一周，我们可以在每一方面做些什么小小的行动，让它更加美丽呢？

米雷与乐驰

期望越高,失望越大

米 雷

有一句话叫"期望越高,失望越大",以前我还不太相信,以为又是什么迷信。不过最近在生活中,我发现了几件能证明这句话的事情。

有两件事情和弟弟的奥特曼卡片有关。今天故事的主角:奥特曼卡片。

一件发生在今天。今天是汽车可以上路的第一天。我们到街上逛了一大圈,好不容易找到一家开放且有卖奥特曼卡片的全家便利店。买了之后,弟弟在回家的路上激动得一直喃喃自语:"这包卡一定能抽到好的卡!一定有好卡!"他深吸一口气，想要回家再拆。但终究还是禁不住诱惑，打开了包装。看到卡片，他眉头皱了起来，鼻子里也不断地发出"哼哼"的声音。原来是没有抽中自己心仪的卡！一直到吃午饭的时候，他都闷闷不乐的。看来他的期望真的很高，而此刻的失望也同样强烈。而我对卡包没有太多的期待，只是一直拿在手里，直到回家，才缓缓地打开卡包。之所以现在没有弟弟那么激动，是因为我和弟弟对奥特曼卡片的期望不同。

爸爸知道我们喜欢奥特曼卡片，于是就买了一些在生日时送给我们。弟弟在一包价值25元的卡包里抽到了满意的卡。后来在作业得"优秀"的时候，爸爸拿出卡包当作庆祝，弟弟也抽中了好卡。于是弟弟就觉得一直能抽到好卡，自然就对卡片的期待越来越高。而我只是把它当作一个促进学习的道具——优秀一次，让自己拆一包。我对卡包里的卡片并不在意，享受的是拆卡包的过程，当然也就对卡片的期待没有那么高。

另外有一件事情，是有关写作文的。原来的我，害怕写作，一听到明天要写作文就"压力山大"，就晚上睡不好觉。那时候，我自己都觉得自己写的差劲极了，于是就找各种借口不去写作；而现在，我想的可就不是什么"怎么避开写作"了，而是反过来想，既然我写作不行，就先应该让自己感觉不要那么有压力，接着再想办法去喜欢上写作。

我个人觉得,"有没有抽到好卡?""有没有写好作文?"这种问题,重视是好的,但是不能因为这些问题没有得到解决、没有得到想要的结果而影响生活、影响心情。弟弟每一次抽到好卡就会炫耀,把我的好卡比下去,而当没有获得好卡的时候,也会生气,会嫉妒我拥有好卡,这两种行为都让自己和他人感到不舒服。当写作文的时候,如果也只想压力有多么大,时间久了,就会由不喜欢写作,变为厌恶写作,从而就会恶性循环。被事情影响生活后,只会让自己感觉更糟糕。我们应该做的事情是踏实生活,寻找做得更好的方法。特别是在现在的疫情时期,不要想"解封"想到抑郁。大家在家也要同样生活,我们应该想的是怎样享受在疫情期间的这段特殊时光!

我们　陪伴　成长

向下扎根　向上生长

向下扎根，向上生长

——从"陪"到"培"

今年"六一"，小林（林帝浣）画了一组图祝大小朋友们节日快乐。在文章的最后，他真诚地说："如果可以，希望能陪你长大，而不是教你长大。"

一个"陪"字，道出了真正的高质量陪伴对于孩子成长的重要意义。

陪伴，不在于时间和空间的重叠有多少，而是我们在陪孩子的时候，是身心合一的专注的投入，为孩子提供持续、稳定的情感滋养，在"陪伴"中"培养"孩子成长为健康独立的人。

陪伴中，培养良好的亲子关系

儿子在学校里新学了一个"左一个、右一个"的玩法，回家来邀请我和他爸爸一起玩。这其实就是"剪刀石头布"

的升级版本，不过不是两人两手，而是两人四手、三人六手，以此类推。事先商量好赢家可以获得的奖励，比如刮输家鼻子，挠一下痒嘻嘻，或是脸上贴纸条等等，输家同意后必须配合，不能耍赖。

当听到口令"左一个"时，大家同时左手先出"剪刀石头布"中的任意一个；听到口令"右一个"，大家根据观察他人左手出的手势，同时右手再出一个；最后一个口令是"大家一起收一个"，大家观察彼此的手势，同时收回任意一只手，留下可以赢对手的另一只手。

这个活动看似很简单，其实还蛮考验手眼脑的协作能力。有时脑子想出东，手却出了西，有时两只手傻乎乎地出了同样的手势……重要的不是输赢，而是一家人在一起的大笑时光。

◆ 像孩子一样和孩子玩

玩，是孩子的天性。陪孩子玩，则是拉近亲子关系的不二法宝。不要急于问这些玩可以让孩子学会什么，不需要学会什么，就是在纯粹的投入的玩中，厚植亲子关系的土壤，增加孩子的心理营养。

陪孩子玩，不是要给孩子买多少多贵的玩具，我更倾向于和孩子一起到户外去探索更宽广、更美妙的世界，或者说用现有的玩具玩出说明书上没写的玩法。就像乐高产品，我也更建议家长买基础版的乐高颗粒，让大脑和指尖有无限创作的空间。基础颗粒变身"乐高迷宫",难度随意可调,放上一个小球,再加一个计时器,亲子一起挑战最快记录,其乐无穷。

在陪伴孩子玩耍的时候,我们要暂时放下自己的"父母状态"和"成人状态",以"儿童状态"和孩子在一起。此时此地的"儿童状态",是指那个天真、活泼、爽朗、不拘束的"自由小孩"。我们尽情地和孩子一起玩、一起乐、一起开怀大笑。和孩子玩得尽情尽兴,身心充分放松,亲子间的关系自然越来越亲近。

其实,孩子愿意我们陪他们玩的时间并不多,也许就那么几年或者十几年。孩子越小,越是投资"情感银行"的最佳时机。亲子关系越密切,孩子越愿意和我们亲近,即使偶尔会有一些风浪,亲子关系的小船也不会说翻就翻。

◆ 发自内心地欣赏孩子

有一段时间，我和儿子的关系有点小紧张。

吃好饭后他收碗，一次可以拿进厨房的非要走两三趟。

需要什么学习用品或资料，不是一次性拿齐，而是想起一样找一样，晃来晃去，不知道抓紧时间。

让他充满感情大声朗读，他置若罔闻，非要默念。

……

有一天我光火后，儿子对我说："妈妈，你在朋友圈里不是说你不能在两秒钟内算出 18×36=648，就歇歇去吗？为什么还是光火了？"

我一下想起了我在朋友圈立的 Flag："哦，原谅妈妈麻药打多了，光火时忘记了。下次争取记得。"

儿子很豁达："好吧。"

> 跟然哥讲数学，最后是 18x36。
> 我：自己打草稿算一下。
> 然哥脱口而出：648。
> 我😳：你怎么算得这么快？
> 然哥😄：就不告诉你。
> 好吧，记一笔，下次我忍不住要光火时，就默念：你不能在两秒钟内心算出18x36=648，歇歇去吧😂

其实孩子有的时候比我们更宽容，我们自己常常也是屡教不改。

我们看他不顺眼，那是因为我们总是用自己能做到的标准去看他，却忘了在他身上，也有很多我们做不到的地方。

你好厉害，我不识五线谱，你爹连简谱都不认识，你竟然能眼睛看那么复杂的五线谱，左手按弦音要准，右手要各种功法，实在太厉害了。

国际象棋的棋谱那么多步，你都能记下来，还知道什么变化怎么应对，佩服。

一天七场比赛，每场都是一个多小时，你能坚持下来并取得成绩，真的很厉害。

你听地铁行驶的声音就能辨别出来的是三号线还是四号线，太佩服了。

你的这个毛笔字写得很有笔锋。

……

如果孩子在我们心里总是这不行那个差，你说我们看 ta 会顺眼吗？你天天拿 ta 的短处说事，ta 愿意和你要好吗？时间一长，关系不拧巴才怪，一旦搞僵就覆水难收了。

欣赏孩子，其实也会让我们自己的情绪变得更好。有时觉得儿子浪费时间，但我想想他比我小时候好多了。这样一想，我就不再像个小鞭炮，语言柔和了，家庭关系更和睦了，这对大家的身心健康都有益。

当然，我们对孩子的欣赏，不是泛泛而谈"你真棒"，而是要告诉他哪里做得好，这是可强化和重复的地方，有助于提升孩子的自我效能感。

◆ 投其所好

这不是宠溺，而是你愿意花时间和精力在孩子喜欢的事情上，陪 ta 玩，听 ta 说，允许 ta 做，哪怕你觉得很小儿科。你既想孩子和你沟通，又不期望 ta 说他感兴趣的话题，这天怎么聊得起来呢?

儿子从小喜欢地铁,我和先生曾经为他手绘过四版地铁线路图。他喜欢考察地铁线路尤其是各种换乘,无论在上海还是其他城市,我们都会安排时间陪"铁丝"逛地铁。当他细数每条线路是什么车型,结构和声音有什么异同时,我和他爸总是饶有兴趣洗耳恭听。

他喜欢足球、篮球,除了陪他玩球以外,他半夜起来看欧洲杯、世界杯,我们也事先买好小零食和饮料。即使到了初三,我们仍保持着双休日晚上一起打牌的安排,轻松一小时,学习更有效。

朋友羡慕我家儿子到现在还愿意和我们一起玩,一起拍照,我想这应该是一直以来陪伴的结果。

陪孩子蹲着看蜗牛慢慢爬,听一朵花开的声音,不仅是陪ta一起做有兴趣的事,也是培养了ta的观察力和专注力。

米雷和乐驰

父亲的爱

米 雷

从牙牙学语到背上书包,付出最多的总是父母,他们在我们的成长中付出了无数的心血,做的每件事都是对我们的爱。

记得有一次,我和弟弟要下楼玩,爸爸赶快停下了做到一半的工作,来到了我们的面前。我们要骑车,他二话不说,直接走到柜子那里——左手一辆大车,右手一辆小车,扛下楼去。我知道老爸的工作还没做好,以为他会拿起手机继续工作,可令我大为惊奇的是,他竟然没有摸手机,专注地教老二骑车,让我想起了自己小时候也是这样学车的,自己也是在5岁学会骑车的,这让我感到自豪。

我知道有些同学的家长一般都会在我们玩的时候玩手机,说让我们自己找乐子去,可我的爸爸的注意力却一直是在我们身上的。当爸爸微笑地看着我时,我认为他很爱我。还有,老妈说,他们都是为了能陪我们,可能要加班呢!但他们还是去做了,只为了陪我们玩,这让我感受到了爸爸对我们的爱。

爸爸妈妈真的好爱我们啊!我们得好好感谢他们。

陪伴中,培养良好的习惯

◆ 我期望孩子具备哪些良好的习惯?

生活方面　　　　　　　　学习方面

◆ 我的孩子现在拥有哪些良好的习惯?

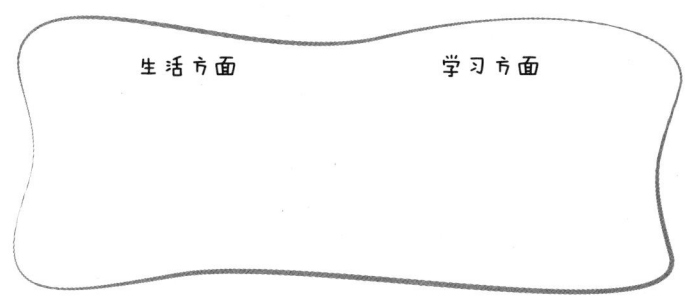

◆ 我从孩子几岁开始培养ta的良好习惯，做过哪些尝试?

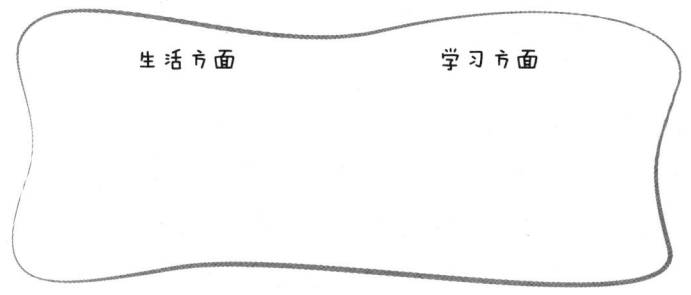

◆ 习惯培养从小开始

很多父母把"尊重孩子天性"误认为是孩子小时候就任其"全部都自然生长"，随心所欲，家长什么都不要管，等孩子上学以后再说，却发现到后面需要规范的时候，往往就很累、很吃力。父母经常会发愁孩子习惯不好，却很少反省自己为什么没从小培养孩子的良好习惯。

"少成若天性，习惯成自然。"播种行为，收获习惯；播种习惯,收获性格;播种性格,收获命运。孩子今天的习惯是从小养成的,学习习惯也是生活习惯在学习上的反映。如果一个孩子从小就是顺其心意,边看电视边吃饭,吃饭时间也是想多长就多长,那你怎么要求 ta 学习专注,做作业有时间概念?如果一个孩子从小没有养成学会倾听的习惯,别人说话不认真听,总抢着发表自己的意见,你觉得 ta 上课听讲的效率和日常行动的效率可能高吗?如果一个孩子从小都是自己的事情大人做,东西随处乱放,你怎么要求 ta 做事认真负责有条理?

孩子终究是孩子,不可避免会有思维和能力的限制。幼小孩子习惯的培养,离不开父母的引导和强化,这并不是干涉和控制。我们需要给予孩子的是"大框架下的自由选择"权利。比如说睡前要刷牙,这个没有什么商量余地,但孩子可以选择饭后到睡觉前之间什么时间刷。规定时间完成作业,但至于先做语文还是数学,那是孩子的选择。

◆ 家长"懒"一点不是坏事情

在培养孩子习惯上,家长还要"敢于偷懒""敢于放手"。有的时候,父母太"能干"、太"勤快"、太"负责",不见得是好事。

有的家长总会埋怨孩子丢三落四,但从没想过自己有没有给予孩子自己整理抽屉、整理书包的机会。有的孩子要找东西时,是把书包口朝下,"哗啦啦"全部倒出来,然后坐在地上翻找。孩子忘带什么书啊本子,家长第一时间赶紧送去,舍不得让孩子承担忘带的后果。孩子习惯了有人代劳、有人补救,怎么会想着自我负责?

陪伴中,培养良好的个性品质和能力

克里斯托弗·彼得森(Christopher Peterson)是积极心理学创始人之一,当被两位中学校长问及能不能总结一下,哪些性格可以帮助孩子们在长大后,既可以取得高成就,又可以保持对生活的满意和快乐时,他总结了七项必备性格。

> Grit　坚毅
> Self-control　自我控制
> Zest　热情
> Social intelligence　社交能力
> Gratitude　感恩
> Optimism　乐观
> Curiosity　好奇心

我们也可以问问自己:"我期望孩子拥有哪些个性品质和能力?"

诚实、友善、自立、勇敢、善良、勤奋、感恩、有责任心、有洞察力……每位父母的回答可能都会大同小异。但是,我们有没有想过:

★ 在我们的身上,是否也拥有这些个性品质和能力?

★ 我们有没有给予孩子各种培养这些能力品质的机会?

★ 我们现在做的这一切是否有助于培养出我们所期望他们拥有的个性品质和能力?

我们和孩子一起做的事	对孩子能力品质的培养
下棋、踢球	敢赢不怕输、合作精神
搭创意乐高作品	创新、沉着、开放
远距离骑行、徒步	吃苦、坚持、勇敢
参观博物馆	探究、思索
仰望星空	好奇、敬畏、探索
户外拍摄	审美、耐心、细致
做家务	体谅、感恩、生活能力

和孩子一起画一棵爱心树，在心形贴纸上写下我们一起度过的美好时光，贴在这棵树上。和孩子一起重温这些美好时光带给彼此的美好感受和自己的成长，如果愿意，我们每周都可以种一颗"爱心树"。

我们一起"赶太阳"

"Walking on the sunny side(走在阳光的那一边)"是积极心理学的一个核心观点。任何一个人、一件事,从客观上来看都可能有消极和积极两面;但从主观上来说,我们每个人都可以选择积极、正向的那一面。

让我们和孩子一起,用善于发现的眼睛,关注平常生活中的美好;用感恩的心,记录下生活中的小确幸,不断积攒"正向的心理能量"。当我们遇到困难、低谷,觉得灰心、沮丧时,告诉自己——"人生不是被动地接受,而是主动地追求,才能获得你所需要的温度。"

【活动准备】

★ 愿意陪伴自己和孩子的心;

★ 每人一张A4纸;

★ 剪刀、彩笔、黏贴工具、贴纸或者是喜欢的任意剪贴图案。

【活动过程】

★ 先和孩子一起按照以下步骤制作一本"小书"。

1. 将A4纸按照下图虚线对折,形成八等分样,虚线处折出折痕;

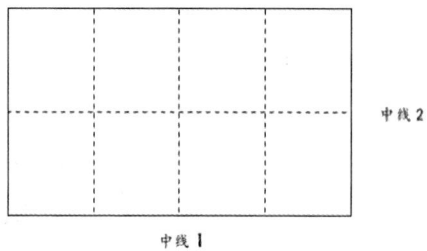

2.沿中线1将A4纸对折,然后用剪刀从对折边中线往上剪至1/2处;

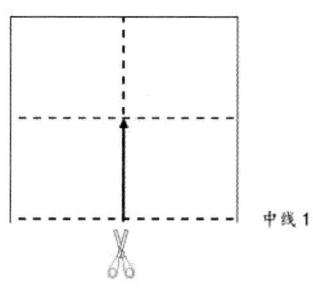

3.将A4纸展开,沿中线2将A4纸上下对折;

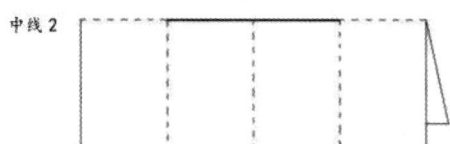

4. 然后捏住纸的两侧,同时向中间推,剪开的地方会向两侧张开;

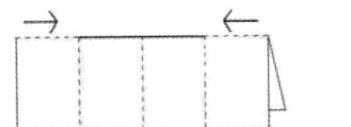 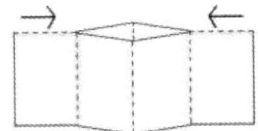

5. 继续向中间推,直至两侧闭合;

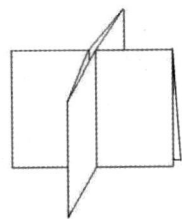

6. 折叠起来,一本空白小书就做好了。

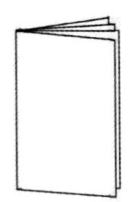

★ 在"书"中的2—7页写下生命中的某个温暖时刻,可以是某个人,也可以是某个物品,或是某句话、某个情景瞬间……可以用文字,也可以用图画,并写上对应的时间和地点;

★ 设计封面，题写书名、作者和"出版"时间，在封底写上送给自己的话；

★ 完成后，你和孩子轮流向对方进行描述，越生动形象越好；

★ 可以定期给自己写一本小书，也可以用一本精美的本子，随时记录下生命中的"碎暖"和"微光"；

★ 做一本小书，送给身边的人，感谢他／她给你生命带来的"暖光"；

★ 感受一下，这样做以后，自己的生活和生命会发生什么样的变化。

如果我家是个"动物园"

——我们眼中的家人

小明说:"我的爸爸胖胖的,憨憨的,像一只熊。"

小红说:"我的姐姐游泳特别好,在水里像一条自由自在的鱼。"

小兰说:"我的爷爷很威严,就像一只大老虎。"

如果你把自己的家想象成一个"动物园",是不是很有趣呢?

这是人民教育出版社四年级语文上册的一篇习作,让大家想一想、写一写:你的家人和哪些动物比较像?什么地方像?每天生活在这个"动物园"里,你感觉怎么样?

我妈妈——严厉的大老虎

我的妈妈是一只凶猛的"大老虎",动不动就发火。"妮妮,你在学些什么,这么简单的题都不会做!""你的书写怎么又这么乱!""说了不能这样,你为什么又犯?"哎呀,不好啦，妈妈又在发"虎啸功"啦，那声音真是震耳欲聋，听得我的心怦怦直跳！不过，我明白，她都是为了我好，爱之深责之切嘛，只要我及时改正错误，她的"虎啸功"就会无用武之地啦。

我爸爸——懒惰的大棕熊

"太好了，我又赢了！"这是我的爸爸，一头懒惰的"大棕熊"。可能是因为工作太辛苦，爸爸在家里的大部分时间，都在打手机游戏或睡觉，很少做家务。他常常一连两三个小时沉浸在游戏里出不来，气得"虎妈"吹胡子瞪眼睛。不过，你也千万不要小瞧他，他可是个大力士，关键时刻还得靠他。昨天，妈妈买了很大一箱书，我和妈妈怎么都提不动，爸爸自告奋勇地说："你俩力气也太小了，让我来吧！"说完，他只用一只手就把那一大箱书拎回了家，我好佩服他！

我——活泼可爱的小白兔

我当然是一只活泼可爱的小白兔啦！我最喜欢蹦蹦跳跳和跑步。我每天都会把家里的沙发当成蹦床，在上面跳来跳去。偷偷告诉你，我已经把家里的第一套

沙发跳坏了，现在新换的这套沙发，估计几年后也会被我跳坏吧，哈哈！我跑步也跑得飞快，和小伙伴们比赛跑步的时候，我经常得第一名，他们可羡慕我了！

这就是我家的"小小动物园"，虽然里面的"动物们"性格特点各不相同，有时候甚至还会发生争执，但我们彼此之间的爱是浓浓的、永恒的，每天生活在充满爱的"小小动物园"里，我感到无比幸福！①

这是妮妮同学笔下的"家庭动物园"，你们家会是什么情况呢？

我们家的"动物园"

这一次，我们不仅仅是孩子写，我们家庭中的每个成员都要写。

◆ 我们的约定

◎ 背靠背，不商量、不讨论，也不可以偷看；

◎ 放心大胆写出自己内心真实的想法，分享时听众先认真倾听，不随意打断和评论；

◎ 如果听到出乎意料的，不生气、不发火，更不能耿耿于怀、秋后算账；

◎ 觉得有不明白或者有误解的，请温柔提问，耐心解释；

---

① 应小作者要求，本篇习作匿名。

◎ _____（我们家其他的约定）

我们家的"动物园"

我们都知道中国有"十二生肖"，如果我们可以用任何一个动物来重新定义自己的生肖属相的话，我们会怎么描述我和我的家人呢？

我觉得我是_____，因为_____。

我觉得____是_____，因为_____。

我觉得____是_____，因为_____。

我觉得____是_____，因为_____。

低年级的小朋友如果有些字不会写的话，可以口述，爸爸妈妈一定要耐心倾听哦。

大家各自写好以后说一说、听一听，一起分享一下，看看你们写的有什么异同，你们有什么发现吗？

◆ 分享时，我们可以使用这些句式：

◎ 你为什么这样觉得呢？

◎ 可以具体说一说吗？

◎ 还有吗？（这个句式可以不断拓展我们的对话，而不是仅仅局限于纸上呈现的情况。）

◆ 分享结束后，我们再来看看我们眼中的彼此：

◎ 我看到的自己和家人看到的"我"是一样的吗？

◎ 我看家人，我是从什么视角去看的？

◎ 家人看我,又是从什么视角来看的?

◎ 有什么地方是我没看到但他们觉察到的呢?

◎ 这个/些"盲点"的背后有什么原因?对家庭关系有什么影响?

◎ 除了这个视角以外,还有其他的视角吗?有的话,会是什么?

◎ 和家人沟通以后,我们有什么感受?

◎ 和家人沟通以后,我会做一些什么调整吗?

哪个"属相"更像我

◆ 三口之家,女儿8岁

	女儿	妈妈	爸爸
女儿	我觉得我是马和猴子,因为活泼好动。	我觉得妈妈是狗,因为勤劳。	我觉得爸爸是猪,因为很懒惰。
妈妈	我觉得女儿是猴子,因为上蹿下跳坐不住。	我觉得我是猪,因为比较懒惰。	我觉得他是狗,因为他负责看家。
爸爸	我觉得女儿是小猫咪,因为喜欢黏人,有的时候又不睬人。	我觉得她是猪,因为喜欢吃和睡。	我觉得我是猫头鹰,因为睡得晚,喜欢观察。
哪个更像我	马?猴子?小猫咪?	狗?猪?	猪?狗?猫头鹰?

◆ 米雷和乐驰一家，米雷11岁，乐驰7岁

	哥哥	弟弟	妈妈	爸爸
哥哥	我觉得我是狼，因为喜欢团队合作。	我觉得弟弟是狗（二哈），因为他总是喜欢跟着我，带着他就像遛小狗的感觉。	我觉得妈妈是袋鼠，因为爱我们。	我觉得爸爸是公鸡，因为勤劳。
弟弟	我觉得哥哥是猪，因为他比我胖，还有点臭烘烘。	我觉得我是雪豹，因为很珍贵。	我觉得妈妈是老虎，因为和爸爸一样，有点凶，爱打我屁股。	我觉得爸爸是老虎，因为爱打我屁股，比较凶。
妈妈	我觉得哥哥是拉布拉多（较大体型犬），因为蹲在身边的感觉。	我觉得弟弟是小型秋田犬，因为漂亮、灵活、聪明，还有在身边蹭来蹭去的感觉。	我觉得我是宠物猪，因为个性率真，皮肤粉红。	我觉得他是狮子，因为他有担当、爱家人。
爸爸	我觉得哥哥是熊大，因为有时很乖、有时很调皮。	我觉得弟弟是小狗，因为可爱又调皮。	我觉得她是羊，因为很温柔可爱。	我觉得我是猩猩，因为长得比较黑。
哪个更像我	狼？ 猪？ 拉布拉多犬？ 熊大？	狗（二哈）？ 雪豹？ 小型秋田犬？ 小狗？	袋鼠？ 老虎？ 宠物猪？ 羊？	公鸡？ 老虎？ 狮子？ 猩猩？

看到上面两个家庭填写的活动单，你有什么发现？他们看自己和看家人的视角有什么相似和不同？如果可以向他们提问的话，你想问些什么呢？

"猫头鹰" or "猪"

写完以后，大家相互分享了写的结果，我觉得自己是"猫

头鹰"，但我很意外。女儿觉得我是"猪"，因为"很懒惰"。

爸爸：为什么觉得我懒呢？

女儿：因为你吃完饭总是在刷手机。

女儿说的是事实。

爸爸：因为我烧饭比较累，所以想在洗碗前先休息一下。

女儿思考了一会儿：休息一下也不是不可以，但是你站在那里刷手机的时间太长了，什么也不做，所以觉得你有些懒。

我觉得她说的有道理：那我尽量不刷，如果你发现我在刷手机，你可以批评我，我接受批评。

女儿对此表示同意。

——来自三口之家爸爸的反馈

从这个家庭的反馈中，我们可以看出大家视角的确有些不一样。我们可以继续思考和交流：

◆ 和女儿的交流

◎ 除了"猴子"以外，你还说了"马"，为什么呢？

◎ 除了"猪"以外，你觉得还可以用什么动物来形容爸爸？为什么？

◎ 你刚才说，休息一下也不是不可以，只是我刷手机的时间太长了，那你觉得多长时间是你能接受的？因为爸爸觉得洗碗前刷一下手机确实是一种休息。

◎ 能不能说说，我又要烧饭又要洗碗，但为什么你只用当中的"刷手机"来概括了爸爸呢？

◆ 妈妈的思考

◎ 我觉得自己是"懒惰的猪",但女儿认为我是"勤劳的狗",为什么会有这个差异呢?

◎ 女儿是从什么视角来看我的?我又是从什么视角去看女儿的?

◎ 除了"猴子"以外,我还有其他的视角吗?有的话,会是什么?

◎ 我会做一些什么调整吗?

◆ 面对家人不一样的看法,我们可以:

◎ 失落、难过:他们只看到我不好的一面,做人好失败。

◎ 生气:我做了那么多,你们都没看到,就只看到我偶尔做得不好的地方,唉。

◎ 急于辩护:我不是这样的人。

◎ 纠正对方的看法:你说得不对。

◎ 触动:很意外,但并不是完全没有道理。

◎ 反思、沟通、改进:ta 为什么会这么觉得?在这点上我是不是可以做一些调整和改进?

……

你的选择会是什么呢?

情绪，情绪，你是谁

——看见情绪的 N 种办法

"妈妈，我感觉不舒服。"

"觉得哪里不舒服？身体上吗？"

"不是，是心里不舒服，但我也不知道发生了什么。"

各种询问得到的都是摇头。

怎么办？

——这会不会是传说中的"起床气"？

——哦，今天早上是起得有点早。

——这是不是传说中的"无名火"？

——什么是"无名火"？

——就是它不是简单的一种情绪，而是各种情绪交织在一起，是一个"情绪团"，所以一下很难说出它的名字。我们一起来找找看，里面有哪些"情绪小兄弟"好吗？

情绪能被命名，可能就已释怀一部分了。

给情绪命名

在孩子的成长过程中,我们很自然地会教孩子去认识外在世界,太阳、月亮、花草、眼睛、鼻子、嘴巴、汽车、火车、飞机、文字、地图等等,但我们很少有意识地带领孩子去探索自己的内在世界,比如说我是一个什么样的人,我有什么样的情绪、我有什么样的期待等等。

情绪是我们内在世界非常重要的一部分,我们需要让孩子觉察、体验、熟悉内在的情绪认知并发展出健康的情绪水平。我们可以通过"给情绪命名"的方式,帮助孩子认识高兴、愉悦、悲伤、孤独、恐惧、愤怒、嫉妒、焦虑、失落等各种各样或简单或复杂的情绪。

◆ 我们可以用开放式的询问,让孩子自己给情绪命名。

当你想到这个的时候,你有什么情绪?

你这样说/这样做,是想表达什么情绪吗?

这件事情发生后,你有什么感受?

当 ta 这样说/这样做的时候,你是什么感受?

……

◆ 我们可以运用我们的觉察,帮助孩子说出内心正在经历的涌动。

你是不是有些生气?

看得出你很难过。

我从你的话语中听出了喜悦／淡淡的忧伤。

是不是感觉有点失落／被忽视？

……

画出情绪的模样

当孩子被负性情绪包裹时，身体容易僵硬，思维也容易受限，这时候我们可以让他们调动自己的肢体和感官，运用"情绪涂鸦"的方式，用笔在纸、石头、树叶等材质上随意涂画，画出当下或者经常困扰他们的某个负性情绪的模样。

这是表达性艺术疗法的一种形式。小学阶段的孩子感性认识比较丰富，艺术性的方式有助于更柔和地引领他们更形象地表达内在的情绪。不需要什么绘画技巧，也不要用美术评判的眼光来看待，让孩子没有任何负担，就是心随笔动，想到什么，都可以尝试用画笔表达出来。不用在意一定要画成什么样子，哪怕最后或模糊或抽象或杂乱，但只要觉得表达出了自己的情绪，就是情绪真实的模样。

我们可以和孩子一起画，画好以后，我们先要给所画的图取一个名字，然后彼此分享：

★ 我画的是什么？

★ 它叫什么名字？

★ 它为什么是这个样子?

★ 它通常在什么时候会出现?

★ 它带给我什么样的感受?

★ 在画画的过程中,我有什么样的体验和感觉?

★ 画完之后,我又有什么新发现?

★ 下次它再出现时,我可以做些什么?

……

"情绪涂鸦"的过程,其实也是我们与情绪共舞的过程。在这个过程中,我们通过外化的形式,让我们的感受和想法在笔下流淌,也慢慢拥抱被情绪困扰的自己,让身心得到舒缓。

下面这些是朱夏艳老师和学生们画的"愤怒",是不是很有意思?①

这是老师的愤怒象化"炸毛"。

它牙齿尖尖,怒发冲冠!

老师前两天备课时,电脑突然死机,课件没有保存,全部白做,那时"炸毛"就找上了我!

我感到非常愤怒!

我狠狠地敲了一下桌子,结果,敲到了本就受伤的小拇指,疼得我哇哇大叫!

---

① 周隽,等.心理课 怎么玩——心理教师实战进阶手册[M].上海:华东师范大学出版社,2021.

我们 陪伴 成长

它叫"火山哥"。
它浑身红色，
头顶上的火山爆发的时候，
喷出的岩浆可以把周围的一切都淹没。
当我觉得别人不理解不关心我的时候，
"火山哥"就会找上我。

它叫"岩石"。
它浑身黑色，
由很多块石头叠加组成，
坚硬无比。
在我考试考不好挨妈妈骂的时候，
它就会找上我。

情绪小瓶子

2020年网络流行的各种涂鸦小瓶子，我们也可以把它打印在白纸上，和孩子一起表达情绪。

罗吾民老师在 2022 年线上教学期间，请同学们用彩笔描绘"我的情绪小瓶子"[1]：

★ 各个瓶子里分别装了什么情绪？请为每一个瓶子命名。

★ 瓶子里的情绪数量是多还是少？

★ 温度（强度）是怎样？

★ 在什么时候，你感觉到了它的存在？

情绪小瓶子不仅可以用来涂涂画画我们的情绪，还可以通过设计"情绪配方"，来和孩子一起制作舒缓情绪的"魔法瓶"。

我们先准备好白纸和彩笔，跟着金小燕老师一起来尝试一下[2]。如果可以，我们在纸上自己画出心仪瓶子的样子，也很棒哦。

---

[1] 教师博雅.[师说]情绪小瓶子的故事[EB/OL].(2022-5-22)[2022-06-14].https://mp.weixin.qq.com/s/iMLK-T91q9P1Ah20TLHXAQ.

[2] 周隽，等.心理课 怎么玩——心理教师实战进阶手册[M].上海：华东师范大学出版社，2021.

◆ "运动"魔法瓶

肌肉的拉伸可以缓解身体的疼痛,运动后的多巴胺带来幸福的感觉,内啡肽能缓解我们痛苦的感受。日常你会用什么"动"的方式让自己情绪好起来?把想要做的活动名称写在瓶子下方,跟随感觉选择不同颜色来涂鸦小瓶子,颜色涂得越多就表示让自己愉悦的程度越高。

跳绳　跳舞　骑自行车　滑板车　平衡车　热身操　和小伙伴

◆ "记忆"魔法瓶

情绪低落时,看一些美好的照片、图片、视频、文字,也会帮我们修复情绪,日常你会看些什么内容让自己情绪好起来呢?

看全家福照片　小时候掉的牙　看小时候的摘笔视屏　看动画片　看喜欢的书　看小时候画的画　看自己写的日记

我们还可以制作:

◆ "声音"魔法瓶

哪些声音能让我们放松下来?

海浪、鸟鸣、雨声、风刮过树叶等来自大自然的声音，某首歌曲或者乐曲，某人说过的话语，某本书里的一段文字……和孩子静下心来，一起聆听这些声音，或是弹奏、大声用情地朗读，愉悦我们的身心。

◆ "美食"魔法瓶

什么美食最能解忧？做什么美食也能解忧？

哪个地方的美食让你印象深刻？哪一档美食节目让你心生愉悦？

当"舌尖上的美食"在记忆里、瓶子中、餐桌上呈现出来时，安抚情绪的方式也丰富起来。

◆ "气味"魔法瓶

我们的嗅觉对我们情绪和行为的影响，也许超过了我们的想象。

气味，是一种奇妙的物质，它能让我们在深深的呼吸中，唤起美好的回忆。闭上眼睛，回想一下，有哪些熟悉的味道，可以抚慰我们躁动的情绪？

……

让我们情绪好起来的小妙招还有很多，比如和谁聊聊天，聊些能让你感觉好些的话题，冥想或天马行空地畅想，打个盹、睡一觉，去晒个太阳，学做糕点、做手工，说些搞笑的段子，撸撸猫……只要是能让我们情绪好起来的都可以记下来，自由组合，创作出更多的情绪魔法瓶。

看着这些小瓶子，我们的情绪是不是也舒畅愉悦了很多？你的小瓶子呢？

找一个时间，和孩子一起看看《头脑特工队》这部动画片吧，很有意思的一部片子，不只是给孩子看的。

我要踢死他

——做孩子的情绪教练

小区里传来争吵声,正在厨房里做饭的我听到里面掺杂着儿子的声音。我走到阳台,循声望去,几个小朋友围在一起,中间两个男孩子推来推去。正当我想再看看发生了什么时,个子高的那个男孩突然抬起脚踢了对面男孩一脚。

被踢的男孩,是我儿子。

我叫着他的名字,呼唤他回家。

儿子气呼呼回到家,重重地把自己扔进沙发里,一边哭一边叫喊"我要踢死他!"

允许孩子有情绪

有句话说得好,"孩子最不可爱的时候是最需要爱的时候"。孩子闹情绪,是因为 ta 的情绪被卡在了某个地方,ta 除了本能的闹情绪以外,不知道还有什么办法可以让自己感觉好受一些。

回到开篇的那个情境。

如果我说:

"你怎么可以踢死他呢?踢死人是要被警察叔叔抓走,受到法律制裁的……"

"你现在长本事了哈,还要去踢死人……"

"你怎么可以有这种危险的想法……"

"男孩子哭啥哭……"

类似的啪啦啪啦,也许会让孩子慑于大人的威严,表面强行被"平静"了,但内心那股"气"依然扭着。如果孩子的情绪没有正常合适的渠道可以疏泄,那么下次再碰到类似情况时,他还是不知道怎么处理,依旧想"踢死他"。最后的结果是,孩子要么强行隐忍到后来憋出"内伤",要么采取其他破坏性、攻击性行为进行发泄、报复。

心理学家说:"未被表达的情绪永远都不会消失。它们只是被活埋了,有朝一日会以更丑恶的方式爆发出来。"

所以，在这个时候，如果我们用爱陪伴闹情绪的孩子，倾听 ta，理解 ta，ta 就慢慢会知道情绪是自然产生的感觉，是我们内在需求的反应，本身是没有好坏之分的。有负性情绪不是件坏事情，正好给了我们一个练习面对和处理负性情绪、学习如何与情绪和谐相处的机会。只要我们应对恰当，负性情绪就不会伤害我们的身体，也不会影响我们的生活。这个"恰当"就是指"度"——情绪的体验和表现不过度，情绪持续的时间不过度。

我们接纳和认同孩子情绪的过程，也是让孩子学习察觉和接纳自己的情绪，发展细致而丰富的情感世界，和自己的情绪友好相处的成长历程。

让情绪流动起来

情绪流动的第一步是接纳孩子有各种各样的情绪和感受，不批判，不制止，尤其是孩子的哭泣和愤怒。接纳意味着我们愿意给孩子时间和空间，无论是独自的还是陪伴的，让孩子的情绪在自然流淌中有一个合适的出口。

我们如何回应比较恰当呢？

那个小小的男孩坐在沙发上，气得浑身都在发抖。我在他边上坐下来，轻轻揽着他的肩膀。

"看你哭得这么伤心，真的是非常非常生气，对吗？"

"是的，他把我踢痛了，我也要踢死他！"

"痛得厉害吗？要不要紧？"

"还有点，我气死了！"

"嗯嗯，除了踢死他，你还有什么办法让自己好受一些吗？"

"我打他，拿球砸他！"

"还有什么办法吗？"

"我再也不跟他玩了！我再也不和他说话了！"

"还有吗？"

……

"我去搭会儿乐高吧。"

儿子渐渐止住了哭泣，情绪也慢慢平静了下来，进房间搭积木去了。

当孩子有情绪时，ta的情绪需要被接纳、被倾听、被理解，从而有效释放，而不是被嫌弃、被忽视、被威胁、被压抑。在孩子宣泄的过程中，我们可以使用"还有吗"的问句，让孩子尽可能多地把内心的情绪和想法表达出来，即便是看上去不那么好或者奏效的办法，我们也不要急着去评判和灌输自己的想法。情绪流动起来以后，情绪脑才可能慢慢恢复平和，理性脑才可能开始工作。

好办法、坏办法

在负性情绪来袭时,我们接纳和理解孩子的情绪,是让孩子倾倒"情绪垃圾",但并不意味着就认同孩子全部的言行,更不是放任孩子把情绪表现当成要挟工具,抓住父母哄劝妥协的心理,无师自通地学会了"情绪勒索",对父母予取予求。我们要让孩子明白:所有的情绪和感受都可以被接纳,但我们需要选择恰当的言行。

孩子的情绪像风一样,来得快,去得也快。吃好晚饭,我问他:"你现在好一些了吗?"

他点点头。

"那可以和我说说下午的事情吗?"

原来小伙伴们分两队踢足球,那个男孩子在禁区里手碰了球,儿子说要罚点球,那个孩子不肯,说这只是玩,不是正式比赛。儿子坚持要罚点球,男孩不肯,于是从争执上升到男孩推了儿子一下,儿子不服气,也推回去,男孩就抬起脚踢了儿子一脚。

"下午你说了很多办法,那我们现在一条条来看,哪些是好办法哪些是坏办法,好吗?"

从儿子懂事开始,我们一直会玩一个"好办法坏办法"的游戏,就是处理一件事情有很多办法,我们先会天马行空把想到的都说出来，然后一条条分析归类，哪些是可以采用的好办法，哪些是不能采用的坏办法，以及各自的原因。

"踢死他是坏办法，因为警察叔叔会把我抓走。"

"还有吗？"

"他妈妈会很伤心。"

"还有吗？"

"我们家要赔很多钱。"

……

"打他也是坏办法，因为他肯定还会打回来，我还是会痛。"

"还有吗？"

"他比我大，比我高，我可能打不过他，万一被打伤了也很麻烦。"

……

按照他下午说的顺序，一条条分析下来。儿子也知道那些气话就是说出来发泄情绪的，但如果不说，会觉得肺要气炸了。说出来以后，心里好受多了，自己也知道该选择哪些好办法。

"所以你最后选了去搭乐高积木，是吧？"

"是的，搭着搭着我就好多了。"

当孩子有情绪时，我们可以像一个容器一样先接纳ta各种各样的反应，然后静置一些时间，容器里混杂的情绪会像掺有杂质的水一样，慢慢沉淀净化。我们鼓励孩子不断思考更多的解决办法，而不是只卡在头脑的第一反应中。在各种解决方案中，我们再一起去分析合理与不合理的情绪调节方式及可能后果，孩子的接受度会更高。

情绪盲盒

"愤怒小鸟"是大家熟悉的生气一族代言人，国外的生气管理课（Anger Management）[1]就用"愤怒小鸟"来演示从气炸（5）到平静（1）的五个生气级别和应对方式，让孩子们学习在很生气的情况下如何一点点给自己"降火"平复情绪，避免做出过激的事情。

从表中可以看出，愤怒小鸟应对生气的第一步是积极暂停，离开刺激情境，寻找可以平复情绪的时空，避免情绪进一步激化。后续的深呼吸和做事转移注意力等，都是有效调节情绪的办法。当情绪上头时，记得先处理情绪，再处理事情。

---

[1] 小花生网.为什么国外学校会给孩子上"生气"课？因为学了Anger Management的小孩情商不会低[EB/OL].(2016-09-27)[2022-06-14]. https://mp.weixin.qq.com/s/ej0GcA1A74R5V18cptvsbg.

我们 陪伴 成长

愤怒小鸟的情绪调节

		How I feel	What I can do	中文翻译
5		I'm ready to explode! I feel like screaming or hitting and I've lost control.	Find a calm, quiet place	5.我快要气爆了——找个安静的地方自己待一会儿
4		I'm starting to lose control and I'm upset! I may feel like saying things that are hurtful.	Take slow, deep breaths	4.我还是很沮丧，快要控制不住了，可能会说难听的话——慢慢地深呼吸
3		I'm a little out of control. I may feel frustrated or excited and move all over. I'm starting to get overwhelmed.	Do something I like that helps me feel calmer	3.感觉仍然不太好，还是有一点难以自控——找点能让自己平静下来的事做做
2		Something's bothering me. I might feel worried or be getting frustrated.	Tell an adult how I feel	2.还是有点烦，有点担心，有点懊恼——把我的感觉告诉大人
1		I feel good! I'm completely in control of myself.	Now I'm all calmed down!	1.我感觉不错，自控很好——现在我终于恢复平静了

我们可以参照愤怒小鸟的应对方式，在孩子情绪平和的时候，一起商量讨论，做一个"情绪调节表"，或者"情绪盲盒""情绪骰子"。

准备一个精美的盒子，用乐高积木搭一个独一无二的盒子也是不错的选择。我们和孩子一起写一些调节情绪的小贴士：可以是一些方法，如大声唱首歌，到镜子前做个鬼脸，吃颗巧克力；可以是一些美好的回忆，如自己做的某个小点

心，自己拍的某张照片，印象深刻的某次旅游；也可以是一些任何时候看了都想笑的笑话或者漫画等。每张卡片上写一个，折叠起来，放到盒子里，甚至我们可以在盒子里放一些喜欢的小玩意儿。当孩子觉得自己情绪不佳时，可以闭上眼睛，通过抽盲盒的形式，选择合适的缓解方式。盲盒里的内容隔段时间可以做一些调整和更换。

在这个过程中，一方面是给予了孩子自己选择调节情绪的方式；另一方面，开盲盒看小贴士的过程，也有助于通过美好的回忆或者沉浸，唤醒正性的情绪。

成为孩子的情绪教练

总结一下，当孩子处在情绪中时，父母要像一面情绪镜子，运用有效的提问，帮助孩子觉察、认清自己的情绪，表达真实的感受，协助孩子理清原因，理解内在的心理需求，启发孩子调整认知，找到应对情绪的方法与路径。

◆ **觉察情绪、表达感受**

这个情绪是怎样的？像什么？你能给它取个名字吗？

它带给你什么样的感觉？

你是在哪一刻开始觉得情绪要爆发了？

……

◆ **纾解情绪、合理应对**

我们可以和孩子一起讨论制作"情绪调节小锦囊"或是制订"情绪公约"，当这个情绪下次又来找我们时，我可以怎么办？或是当孩子闹情绪时，也可以询问孩子，对周围人有什么样的期待。

比如说一个小朋友在早餐时间时觉得莫名心烦，不想吃早饭。妈妈如果不知道怎么做才好的话，这时可以直接问ta："你期望我做些什么吗？"小朋友说："我烦的时候大家都不说话就可以了，让我自己安静安静。"于是，大家各自做自己的事。过了一些时间，ta自己说："我好了，我去吃早饭。"

我和情绪的约定

我可以＿＿＿＿＿＿＿（焦虑、愤怒、难过……允许自己有各种情绪）

但不可以：

✘ 伤害我自己

✘ 伤害别人或小动物

✘ 破坏物品

✘ ＿＿＿＿＿＿＿＿＿＿＿＿＿＿＿＿＿＿＿＿（我的补充）

当我觉得不舒服时，我可以做些什么让自己感觉好一些呢？

✓ 我可以做这些事／活动：

✓ 我可以对自己说：

✓ 我可以和这些人倾诉：

✓ 我期望他们说／做：

◆ 调整认知、积极应对

当孩子情绪缓和下来后，我们可以引导孩子重新审视情绪背后传递出来的信息，换个角度看待引发困扰的事情，调整认知，思考更多积极有效的问题解决方案。

儿子的生气难过背后，不仅仅是被踢了一脚，其实还有足球规则没有得到执行而感到的不公平和气愤（谁不想自己这队赢球呢）。今天情绪是平和下来了，但以后还要和小伙伴一起踢球的呢。

"那你以后如果再碰到类似情况，你会怎么做呢？"

"要么玩之前先把规矩说清楚，大家都遵守，然后禁区位置也画好地方。"

"嗯，事先约定好是一个好主意。那如果万一还是出现了不遵守约定的情况，怎么办呢？"

儿子看着我，想了一会。

"其实他说的也不是完全没有道理，我们确实不是正规比赛。"

"然后呢？"

"就是玩玩的话，我也不要那么顶真，玩得开心最重要。"

一个星期后，我下班回家刚进小区，就看到儿子和那个他曾经想踢死的男孩在愉快地聊天。

米雷与乐驰

开心和难过的我

乐 驰

今天我们一家四口准备一起去新城公园。在去的路上,老爸说好像新城公园 bèi 拦住了。然后我们就去了老城 guàng 了一大 quān,在回家前终于 zhǎo 到了一家"全家",我买了一个 10 元包,老哥买了一个 29.9 元包。我很开心,在车上就把 10 元包 chāi diào 了。老哥回家

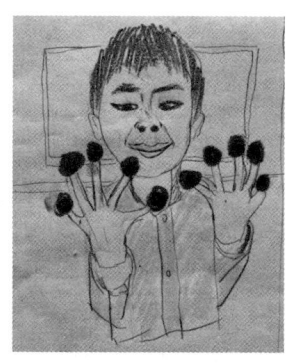

米雷笔下的弟弟

后,把 29.9 元包 chāi diào 了,老哥 chāi 到了一张 UR 白金卡,还有一张 USR 签名卡,我非常 shī luò,因为我 jué 得老哥 chōu 到的卡 hěn 好,ér 我 chōu 到的没那么好。这种难过 ràng 我对家里人 fā 了 pí 气,还 bèi 老妈 fá zhàn 了。

(乐驰,大名王泰来,复旦大学第二附属学校学生)

与乐驰复盘

妈妈：二宝，从你的日记里，妈妈找到了你今天发脾气的根源。那么下次如果再有这种抽不到好卡的情况发生，还是这样感觉失落，你该怎么办呢？

乐驰：我可以在晚上做梦的时候，梦见自己抽到了好卡呀，还可以在脑子里想象好玩搞笑的奥特曼，就会高兴起来。

妈妈：那么关于抽到什么样的卡片这件事，你可以怎么跟自己说呢？

乐驰：告诉自己，每个卡包都不一样，抽卡包就像抽盲盒，要感受中间拆的过程，而不是在意抽到了什么卡。

我可以更懂你

——和谐的亲子沟通

还记得前言那个"妈妈,你怎么这么辛苦啊"的话题吗?

看到我当时的回应,我觉得那时的自己实在是不太合格。"是啊,妈妈很辛苦,那么你准备怎么让妈妈不辛苦呢?"这句话背后的潜台词是什么?是不是"因为你,所以妈妈辛苦"!如果可以回到过去,我想我会说:"谢谢宝对妈妈的关心。你是怎么感觉到妈妈很辛苦的呢?"一方面不再把辛苦的"锅"甩给儿子,另一方面也可以看见孩子更多的内心世界。

那一天,我发了一个朋友圈,一个爸爸在评论中说:"换了我,我就会说'知道你爸辛苦就好,还不努力学习!'"

我问他:"你这样说话,儿子'嫌弃'你吗?"

"我在家里是被禁言的!"

看,我们大人是怎么把天聊僵、聊死的。

每一年，我都会接待不少的学生，从小学到高中各个学段都有。每当孩子坐在我面前，谈及 ta 的烦恼、困惑、痛苦、忧伤时，我都会问："你的家人知道你的这些情况吗？"有的会说"知道，但他们帮不了我"，更多的孩子会说"不知道"。问及原因，有的说"说了他们也不会理解""我不想让他们担心"，还有的孩子说"和他们说了会有更大的麻烦"……

有的孩子在写"我的重要家人"时，写的不是父母，而是家里的宠物。我常常在想——是什么让同处一屋檐下的家人心里有堵墙呢？

是什么阻碍我们和父母的交流

★ 父母很少考虑我的看法，总是要求我接受他们的意见。

★ 他们总是拿我和人家比，无论我怎么努力，他们总是能找出比我更好的人。

★ 他们总是说他们很忙，没空。

★ 他们有时不听我讲理由，总是说我在辩解。

★ 考得好就笑脸相迎，考得不好时，其实我已经很难过了，他们还要指责我，一点不顾我的心情。

★ 他们指责我时总是说些很伤人的话，可以从眼前一件事翻出很多陈年老账来，有时还当着很多人的面，一点不给我留面子。

★ 我的父母有时很强词夺理,弄不好还会训我一顿。

★ 学习,学习,还是学习!我们家除了学习的话题,没有其他!我说篮球赛,他们问我"作业做好了吗?"我说同学间的糗事,他们问我"作业做好了吗?"我说啥,都是"作业做好了吗?"我又不是学习的机器!

……

曾经,我们无话不说;可不知从什么时候开始,我们之间就慢慢变成了"无话,不说"或是"一说就炸毛",也许有时就像苏芮唱的——

每次我想更懂你　　　其实我想更懂你
我们却更有距离　　　不是为了抓紧你
是不是都用错言语　　我只是怕你会忘记
也用错了表情　　　　有人永远爱着你

亲子沟通,先练"内功"

亲子沟通,关系先行。如果用1—10这样一个刻度来衡量我们的亲子关系,1是非常糟糕,对立冲突,10是非常融洽,沟通顺畅,你觉得你可以打几分?

1 2 3 4 5 6 7 8 9 10

和孩子交流沟通，不要一厢情愿，要考虑亲子间的情感基础。如果我们的打分在 5 分以下，那可能我们先需要修复的是亲子或者家庭关系，否则说得越多，反弹越大。

我前一阵跟女儿约好做"零吼叫"妈妈 100 天，女儿说"不用 100 天，你只要能坚持 21 天，就能养成习惯。"谁料第 3 天便破功。

这位妈妈的 flag 我想很多父母都立过，但为啥很容易成为"积极废人"呢？因为我们的"内功"修炼还不到位。

★ 我足够爱自己吗？

★ 我足够爱孩子吗？

★ 我的内心平和、情绪稳定吗？

★ 我的思维方式积极吗？

……

"工欲善其事，必先利其器"，这个"器"，沟通技巧是其次，最重要的是我们内心深处的"锚"。

蒙眼作画

邀请孩子来和我们一起画一幅画。

【活动准备】

A4 纸，彩笔，眼罩。每个人背靠背（不能让对方知道）各自选择三张比较简单的彩色图片。参考图例如下：

 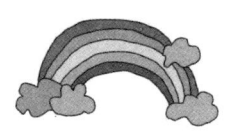 

【活动规则】

★ 每人轮流做指导者,其他家人蒙眼作画;

★ 通过指导者的描述,作画者画出其中一张图片;

★ 指导者要帮助作画者画出尽可能和原始图片相一致的画,包括色彩、线条、构图、比例等细节;

★ 指导者和作画者之间只能借助言语沟通,牢记"动口不动手",如不能拿着对方的手去画,也不能帮对方递彩笔等;

★ 一次作画时间5分钟。

如果条件和材料允许,我们可以邀请所有家人一起参与,看看同一个人指导下不同作画者的作品一样吗?感受有什么异同?多家人参与时活动的难度会增加,但家人间的收获也会更大。

完成以后,我们先欣赏大家的作品,然后思考分享一下:

★ 在整个活动过程中,印象/感受深刻的是什么?

★ 蒙眼作画和指导作画的两种角色，你觉得有什么不一样？

★ 在蒙眼作画和指导作画的过程中，你觉得有什么困难吗？

★ 是什么导致了这个/些困难？

★ 针对这个/些困难，你做了什么努力或调整？

★ 如果再来一次，你觉得怎么可以做得更好？

★ 蒙眼作画的过程，在生活中是不是也有相似的情况？如果有，你们有什么新的启发吗？

★ 其他任何你们想分享的话题……

换位思考，不"自说自话"

小学五年级那年寒假，我因为要参加跳级考试，所以爸爸给我讲数学。我记得那时我们经常闹得不开心，爸爸觉得他已经讲得很清楚了，我怎么还是搞不懂，可我真的就是云里雾里很茫然。后来，我自己做了妈妈，我也会碰到当年这种情况，蛮简单的东西怎么孩子半天都理解不了。每当这个时候，我就会想想五年级那时的我，即将上火的情绪也慢慢平和了下来。

做父母的觉得简单，那是因为我们是几十岁的人，我们已经具备了这些知识储备，所以我们是站在我们的高度来解释。可是，对于第一次接触到这个知识的孩子来说，ta 的头脑里没有任何可借助的"脚手架"，听不明白是再平常不过的事了。就好比蒙眼作画，为什么我们觉得有难度，因为眼睛是蒙着的。孩子对新知识的不理解，就好似我们的眼睛被蒙着时的茫然。所以，我一直和家长说："我知道大家有时很难理解这么简单的知识 ta 怎么就是听不懂，那是因为你们都很优秀。我曾经有过听不懂、不及格的时候，所以我理解孩子听不懂时的'绝望'。"

我不知道大家在做指导者角色时，是会说"你听明白了吗？""你懂了吗？"还是会说"我讲明白了吗？""我说清楚了吗？"前者是站在自己的立场——你没听明白，你没搞懂，那是你的问题，我是说清楚了的；后者是站在对方的立场——我没说清楚，我没讲明白，这是我的问题，我要想想办法怎么调整。

亲子沟通不畅的一个很重要的原因，是我们通常都是站在自己的立场上来看待问题。如果我们在说话、做事前，先问问自己："如果我是 ta，我期望我的父母怎么说、怎么做？""己所不欲，勿施于人。"换位一思考，我们再说出去的话就会柔和

很多，亲子之间的隔阂和冲突也会少很多。

沟通没有套路，只有心意——

这一刻，

我和你在一起，我想听你说，感受你的感受，和你一起面对。

"橡皮筋"父母

早上上学，二年级的女儿想穿一双网眼运动鞋。妈妈觉得天气还没热到那个程度，不同意。小姑娘坚持要穿，僵持不下时，妈妈使出了"杀手锏"——"如果你一定要穿这双鞋，那我就不送你去上学了。"没想到小姑娘二话不说，背起书包就冲出了家门。等妈妈拿好钥匙换好鞋冲出去，马路上早已没了孩子的影子，用妈妈的话来说，魂都吓没了。还好后来联系到班主任，老师说孩子已经到了学校。

一位妈妈和我说了这件事，抱怨女儿这么冲动。

我问她："你觉得她为什么会这么做？"

"是因为我说了如果她坚持，我就不送她上学了吗？"

"你看到了她夺门而出，但没看到她想上学的意愿，是你先威胁她。"

"是的，可我实在想不出还有什么办法让她不穿这双鞋。"

"你为什么坚持让她穿你拿的鞋而不是她拿的鞋呢？"

"这个天的温度还没到穿网眼鞋的时候,受凉感冒了不是很麻烦吗?"

"你问过她原因吗?你问过她昨天穿鞋的感受吗?穿这鞋真的会冷吗?即便是冷了,那又怎么样?"

妈妈停了一会,"我感觉这样做也是为了让我安心,下午放学回来我和她好好聊聊。"

◆ 有弹性的选择空间

在亲子交往中,我们发现,越固执己见的父母,越想要把自己的意见加诸于孩子身上,也越容易和孩子发生冲突;而价值观和信念越有弹性的父母,更容易接纳孩子,给孩子选择的空间,也越容易调整自己。

给孩子有弹性的选择空间,其实是给孩子选择权和话语权,让ta被尊重、被看见、被听见,生命有自主权、不压抑。能有自由安排的时空,这是给孩子健康成长的"留白"。

儿子很小的时候就问过我:"为什么小孩子要听大人的话?"我好奇地问他为什么有这样的感觉?他说他听到其他小朋友的家长说的。我就问他:"你觉得呢?"儿子说:"我觉得谁有道理就听谁的。"

我一直觉得,孩子不必总是"听话"。鼓励孩子表达ta的观点,不要总是坚持让你的孩子被你说服。要让孩子感到自己是能自主的,不要让ta对生活和生命有压抑感。就像关于儿子上学乘地铁还是公交的讨论,我觉得乘公交和乘地铁的时间差不多，但要少走一半路，但他不肯，说虽然走得多，但地铁没红灯又准时，上学不会迟到。我是心疼他背着书包重，少走路没那么辛苦，但他愿意，那又何必硬逼他呢，又不是我背书包我走路。

假期的学习计划和玩耍安排，可以一起制订，定时、定量、定效果即可。至于他是朝三暮四还是朝四暮三，我觉得不是那么重要，课表每天还不一样呢。打乒乓，先训练接球，还是先自由发挥，都不是原则性问题。

◆ **选择合适的沟通时机**

沟通也要选择合适的时机。当双方正在忙碌或状态不佳时，暂缓容易引发火花的沟通，另选他时。

我们在沟通中要训练自己的觉察能力，留心彼此的情绪。如果感觉自己开始要激动了，可以先回避开，做点喜欢的事情平复一下情绪。如果看到娃的脸已经沉下来了，喉咙也开始响了，我们要识相，先自我收敛，不要再步步紧逼，可以适度示弱并进行安抚。等孩子情绪缓和了，再继续讨论有争议的话题。

任何时候，我们在和孩子的沟通过程中都要时刻提醒自己：切忌感情用事，和孩子硬争出高下来。一旦出现过激事件，后悔都来不及。

亲子之间，没有输赢，只有共赢或共输。

积极的倾听

我和父母说自己不合群,没人跟我玩,父母说"我们小时候也是这样,现在不是蛮好的""不跟你玩,你就自己玩好了"。可我不想像他们说的这样做啊,我想和朋友一起玩。

我们班有一个同学说话总是很丧,弄得我们情绪都很不好。晚饭时,我和爸爸说了这件事,爸爸马上说:"那你离她远一点不就好了。"后来我就不想再和他们说。

……

当孩子和我们聊天尤其是聊比较重要的话题时,我们是停下自己的事,专心地听?还是"人在曹营心在汉",嘴上随口敷衍?

当孩子叙述一件事情时,我们是认真听 ta 说完还是不耐烦地催促 ta 快点说?

当孩子表达不是那么清晰,逻辑顺序也有点乱时,我们是耐心等待,让 ta 理理思路慢慢说?还是埋怨 ta "怎么连话都说不清楚"?

当孩子跟我们说 ta 或者某个同学的一个烦恼时,我们是跟 ta 一起讨论还是直接就发表评论给建议?

当孩子跟我们说一些有破坏性甚至违反规矩的想法时,我们是先倾听 ta 想法背后的原因还是立马呵斥、严加批评?

和孩子聊天时,记得问问自己:

我愿意听孩子在说什么吗?

我听懂孩子真正想表达的意思了吗?

◆ 拓展聊天的句式

放下预设,保持好奇:ta 和我们说这件事的时候,ta 想表达什么? ta 遇到了什么? ta 有什么期望……

◎ 别急,慢慢来,你想和我们说什么?

◎ 你为什么会这么觉得?

◎ 你怎么看这件事?你是怎么想的?

◎ 你有哪些应对的方法?

◎ 你做过哪些尝试?效果如何?

◎ 你觉得这个事情怎样处理比较好?

◎ 在这个问题上,你是不是有什么觉得难处理的地方?

◎ 你这样做,是不是有什么难处?

◎ 爸爸妈妈可以做些什么吗?

◎ 你想听听我们对这件事情的看法吗?

◆ 多听慢评论

"好累啊,我都不想学习了。"三年级的妮妮和妈妈抱怨着。

如果妈妈回应说"爸爸妈妈也很累啊,烈日下扫大街的更累",孩子以后有烦恼就未必会再和大人说,因为你说了上一句,ta都知道你下一句要说什么,非但没解决问题,反倒被教育。想想,我们有没有也说过"不想上班""想早点退休"之类的话?那时我们期待的是什么?是错位的反馈、不请自来的建议,还是其他的什么?

那怎么回应比较合适呢?

——是啊,肯定是觉得累了,才会这么说。那我们可以做些什么让自己感觉好点呢?

——不学习了。(此时千万不要说那怎么行,然后啪啦啪啦学习的重要性,后果你也能想象)

——嗯,还有吗?

——少学一点。

——还有吗?

——一次不要太多。

——还有吗?

——间歇时做做自己喜欢的事情,调剂一下心情。

——还有吗?

……

"还有吗"是一个很好的问句,可以帮助我们在同理孩子的同时,不停地拓展思维角度。孩子在倾诉的同时其实也是一种情绪的纾解,让他们在自己提出的方案中寻找合适的应对,其实比我们硬塞的指导和建议更有效。

我们还要留心孩子用别人的视角讲自己的故事，比如：我们班谁喜欢谁、谁做了什么糗事、谁因为什么被批评了……这其实是在试探我们的态度和反应。我们简单直接的评论，会让孩子在父母面前掩饰和隐瞒一些重要的话题，慢慢地，沟通的大门就关上了。

有话　好好说

◆ 客观描述孩子当下的行为，而不是随意"贴标签""翻旧账"

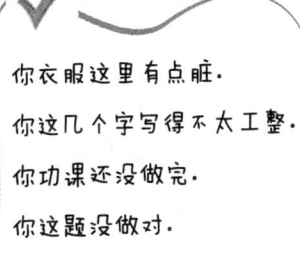

你衣服这里有点脏。
你这几个字写得不太工整。
你功课还没做完。
你这题没做对。

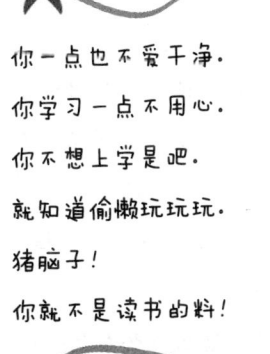

你一点也不爱干净。
你学习一点不用心。
你不想上学是吧。
就知道偷懒玩玩。
猪脑子！
你就不是读书的料！

◆ 用正面引导的语言，真实表达感受和需要

用"我……"开头来描述自己的情绪和感受，而不是用

"你……"来训斥对方。

在这么暗的光线下看书，我很为你的眼睛担心。 ✓

这么暗，你也不知道开灯，想眼睛瞎啊！ ✗

有一天晚上，先生加班，我收拾好厨房出去，发现儿子把饭菜全部吃光了。

说实话，那一瞬间，我是有一点小难过的：怎么都没想着老妈？

我看着他："你把饭菜都吃完了？我有点难过，我以为你会给我留一点。"

儿子抱歉地说："不好意思，我以为你不吃。"

那段时间我确实因为 BMI 超标，有时不吃晚饭。

"如果我不吃，我会和你说的。如果我没说，你怎么做会更恰当呢？"

"我知道了，下次我会问的。那家里还有什么吃的吗？"

"没关系，我可以下面条。不过我好像真的只做了一人量哈。"

儿子长大了，我低估了人家的胃口。

换一下。

"你怎么这么自私，全部吃光了？"

"我以为你不吃……"

"那你不知道问一声吗？"

大家可以想象接下来的气氛。

就像《压力之下、弹性之上》中那个聊天拉胯的例子，我们可以直接说"能不能告诉我，为什么这么感兴趣？"或是"我现在有点累/有点事，换个时间聊可以吗？你要记得提醒我聊到哪里了哈"，而不是一盆冷水（"烦死了"）或是一盆开水（引申到其他不好的地方）就直接泼过去了。

有一本书蛮不错的，《父母话术训练手册》[1]，推荐。

米雷与乐驰

商量：每周增加一个一起睡觉的夜晚
妈妈（罗吾民）

写在前面：

商量也需要学习：从理解商量的意思和商量的礼貌，到理解问题的内涵与重点……直至达成一致。

晚上8点半我到北房间，哥俩正在各自玩耍。

---

[1] 原田绫子. 父母话术训练手册[M]. 董然，管莹，译. 北京：中国妇女出版社，2018.

"孩子们,你们过来,我们商量个事儿。"我坐在双层床的下层,示意他们坐在我身边。

老大很快就过来了,他依靠在扶梯上很快就进入到商量的"预备"状态。老二呢,还背对着我在小推车上捣鼓什么。我走过去,把他拉过来:"妈妈要跟你们商量点事情,我们靠在一起,让妈妈能看到你的眼睛好吗?"他听懂了,依靠在另一侧的楼梯。

然后我开始说了:"这个周末呢,就放寒假了。奶奶要回老家了……"

老二马上举手发言:"奶奶为什么要回老家?"

"因为过年了,老家有很多事情要准备,她也要回去看爷爷和太太。"

"那她还会回来吗?"

"会的,过好寒假。"看他没有疑问了,我又继续往下说,"所以呢,接下来妈妈要每天陪你们俩,如果……"

"那你上班要请假吗?"打断我的是老二,他有疑问。

"妈妈跟你们一样,也有寒假,你们放假我也放假了,不用特地请假,明白了?"见他点头,我又继续说:"如果白天又要送你们上画画班、篮球班,还要给你们做饭会很辛苦……"

"那我可以给你切菜呀!"抢话的依然是老二,他一本正经地说。

老大知道我的表达远未及中心思想,有些不耐烦:"老二!你别再说别的了,让老妈把话说完。"

这头老大劝着,那头老二还是自顾自地说:"……但是我不能用大的菜刀……"

"你很体贴,很想帮妈妈分担,但是哥哥说得对,让妈妈先把重要的事情说完。"绕地球大半天的时间,终于得以展开正题,"妈妈白天照顾你们,如果晚上还和弟弟睡在一起,操心他睡得好不好,会有些辛苦。所以,我在想:有没有可能增加一个你们俩晚上睡在一起的时间?我发现你们一人一个被窝在一起,反而睡得踏实。"

"可以啊,老二本来暑假就应该一周跟我睡两天呀。"老大答应得很爽快。

但是一转头,老二还是带着一张不情愿的迷惑脸,他大概明白了"增加一天"的意思,但是对于可能到来的变化并不是非常清楚。他舍不得离开爸爸妈妈的大床,哪怕过去每周只和哥哥睡一天,也会在那唯一一个夜晚到来前主动报告"我今天感冒了,怕传染给哥哥""我半夜会流鼻血",得以留在我们的大床。当我们继续坚持他应该偶尔和爸爸妈妈分开时,他会用楚楚可怜的眼神恳求:"爸爸,你能明天最早最早最早来接我回去吗?"我心说:"啥?接回去?什么鬼?我们的房间就在隔壁好吗?"但是老父亲就很受用啊,他会极尽温柔地安抚他。但是当老父亲带着极大的担忧关门离开时,背后很快就会传来俩人的"哈哈哈"。

言归正传,再回到"商量"这件事。我向老二解释和征询:"原来你不是每周六都跟哥哥睡吗?现在妈妈想,你可不可以周二或者周三也跟哥哥睡?你喜欢周二跟哥哥睡,还是周三?"

"我不要星期二跟哥哥睡,也不要星期三跟哥哥睡,"老二皱着眉头,开始掰手指头,"我不要星期一、星期二、星期三、星期四、星期五跟哥哥睡。"这句话很长,他憋住一口气说完,到了最后就有点喘。

这次大概又是要商量不成功了,怀着忐忑我问:"宝宝,那你是说周六周日和哥哥一起睡?"

"嗯。"小家伙严肃地点点头。

"连着两个晚上啊?"我正在考虑时,老大直接表达了不同意:"不行的!连着两个晚上跟你一起睡,我会睡不好的。"

"哦?"

"老二晚上有时候会很吵。"

"我不吵的!"

妈妈笔下的兄弟俩

"你吵了！总是哼哼唧唧！"

"我没有！我——没——有——吵——"

两人就要进入战斗模式，我赶紧叫停："好了，弟弟有时候会哼哼，但是现在他决定要做出改变，哥哥能不能让弟弟再试一试？"

"就是老二周六周日连着两天跟我一起睡？"

"是呀。我想，弟弟原来完全不同意增加一天，他现在有了让步。我们也做一点小小的让步好吗？先试试看，弟弟可不可以两个晚上都不吵闹。"我转过去问，"老二，你可以吧？"

"可以的！"

商量完毕。

你摔疼了吗

——批评有"方"

在外婆家,我从里间奔出去,也许是太急,也许是为了避开什么物品,反正我绊倒了。这时,耳边传来外婆温暖的声音:"你摔疼了吗?"

这个场景,还有这句话,并不是真实发生的事情,而是在我的梦里。

我的外婆是一个没有读过书的家庭妇女,她一定不会想到,在梦里她对我说的这句话,对我为人师为人母影响至深。这么多年来,这个场景经常在我脑海中出现。

如果你的孩子在奔跑时不小心摔倒了,你第一反应会说什么?

如果摔倒的是我们,在那一刻,我们又期望听到什么呢?

我们都是会犯错的凡人

有一次儿子吃饭时把碗打翻,汤从桌上流到了地板上。我不自觉地脱口而出:"你做事怎么总是毛毛糙糙的?"儿子不服气地回了一句"上次你不也把碗打翻过吗?"我的A(成人)状态一下回来了。是啊,如果我的眼睛一直盯着他做得不好的地方,他为了防御,也会时时盯着我的纰漏来反驳我,证明不止他一个人才犯错。

我的脑子里开始浮现出若干画面:

我洗碗时盘子竟然会从水槽中飞出,落到地上碎成若干片。

砍排骨时,一刀下去,排骨安然无恙,旁边的玻璃乐扣盒和我的刀"咧嘴哭了"。

用筷子夹菜,那块骨头竟然连滚带爬逃脱了筷子的裹挟,在我干净的衣服上"盖了一个章"后,成功着陆,瘫倒在地板上。

我想去柜子里拿锅,我以为我能完全避开旁边油瓶的"雷区",没想到它竟然主动"碰瓷"。打理一地的玻璃碎渣和油,让我的老腰瘫了大半天。

还有,早上出门准备上车了,发现手机没有带;走到办公室门口,发现办公室钥匙没有带;买好菜回到家,发现家钥匙没有带。最厉害时，这种情况一周发生过好几次。

还有还有，学校发的通知上明明写得很清楚，可我时不时就会"审题不仔细"，去问儿子的老师，老师再不厌其烦回答我。

……

哦，我也没好到哪里去，有啥底气去指责别人呢？

> 教师也是从学生时代走过来的，学生的今天就是教师的昨天，学生犯错误时的心情，教师透过回忆自己当年犯错误时的心情，就能认识得更具体一些。
>
> ——魏书生

魏老师对教师说的这段话，一样适用于家长，适用于面对未成年人的每一位成年人。

回想一下，在我们从小到大的人生历程中，我们有没有犯过什么错误、做过什么糗事呢？那时，我们期望父母怎么说、怎么做？

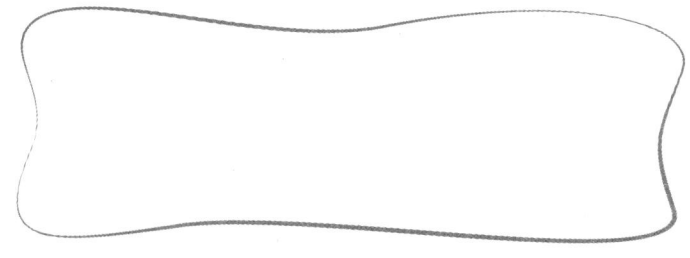

弹性的"容错空间"

"你儿子把同学衣服弄脏了!"

快放学时,老师打电话和我说。课间时我儿子和小朋友们玩抛笔游戏,笔里溅出的墨水把旁边五六个同学的衣服都弄脏了。老师发来了照片,其中"受伤"最严重的一件白色和一件黄色的衣服上,都是星星点点、大大小小的墨迹。

去接儿子的路上,正好碰到了他班里放学的同学。几个男生争先恐后和我描述事情的经过,再三和我说"他不是故意的,你千万不要骂他"。一个男生特意指着自己的衣服说:"我的衣服也被弄脏了,不过就一点,不用他洗,也不要他赔。你不要说他啊!"

到了校门口,我看见那个小小的男孩子沮丧着慢慢走出来,手上脸上墨迹犹在,像个"小花猫"。"妈妈,我闯祸了。"儿子低着头。

我蹲下身来,拿出湿纸巾帮他把脸擦干净。"为什么说自己'闯祸'了?跟我说说,发生了什么?"

原来他们玩背后抛笔,看谁抛得远。轮到他抛了,也不知道笔落到地上以后怎么溅出了那么多墨水,把走道两边同学的衣服弄脏了。

"妈妈,我不是故意的,我也不知道那笔怎么会这样。

老师说，让我回家洗，洗不干净就赔。妈妈，那要好多钱，我没这么多钱怎么办？"儿子的声音里有点哭腔了。

我紧紧地牵着他的手，一边走一边慢慢地说："我知道你不是故意的。没关系，我们一起洗，一起赔。"

那一刻，我一点都没有生气，我只想给那个小小的孩子稳稳的安全感。

◆ **不是所有做得不好的都要被批评**

"对于儿童来说，犯错是一个自然的结果，是处于无经验、正在发展中的幼儿尝试与另一个复杂的、渐渐客观的世界进行交往的结果。"（加特雷尔）

作为家长，给孩子一个弹性的"容错空间"，既能缓解我们对孩子犯错的敏感和焦虑，也有助于孩子的健康成长。亲子之间积极正面的安全关系，有助于孩子建立对自己、对他人的信任，也是 ta 获得社会能力的基础。

"容错空间"，就意味着有边界，有分类。当看到孩子做得不好或者不到位时，我们需要根据不同原因来区别对待。

◎ 有一些是跟孩子的年龄特点有关，ta 在道理上知道，但还没养成习惯，这时我们需要给的是提醒。例如坐的姿势不当、进门忘了放鞋、餐具包里的餐具忘了拿出来洗等。

◎ 有一些是和孩子的能力发展水平有关，ta 还没完全掌握或者熟练，这时 ta 需要的是指导和强化。例如怎么系鞋带、穿衣服、写好字、做对题。

曾经在网上看到一个爸爸发的监控视频：女儿端着杯子向爸爸走来，但一不小心滑倒了，杯子里的可乐也溅了出来。

如果这种情况发生在你的家里，你通常会怎么应对呢？

视频里，小姑娘并未哭闹，而是自己站了起来。

坐在桌前做事的爸爸只是侧身看了一下，问女儿："摔跤之后首先干什么呢？"

女儿熟练地回答："换衣服换裤子，洗洗手，然后先拖一拖地，然后再喝可乐，然后再吹头发。"

小姑娘换好衣服后，在爸爸边上开心地说："今天就是最好的日子，放假的每天一定是很开心的日子。"

看了这段视频，我觉得小姑娘之所以能这么镇定地应对，一定是在之前曾经有过的类似情境中，父母既不是简单呵护（赶紧跑过去扶起来，问问摔疼了没有），也不是立马指责（"走路也不会走了"），而是用了可操作性的问题解决方式，让孩子知道在这种情况下可以做些什么。

尤其是小姑娘并没有因为这件小插曲影响到情绪，还是很开心地觉得"今天就是最好的日子"，这样的心态才是我们父母最想看到的吧。所以，你期望孩子在此时获得什么，你就给予 ta 什么。

◎ 有一些是孩子的意识发展水平还不够或是无心之举。就像这次的"墨水事件"，孩子不是故意甩墨水，事后又跟每一个同学道了歉，把地面桌面擦干净了，他已经做了他能想到的补救，我批评他什么呢？我需要做的是和他一起来探讨以后怎么办：除了可能会弄脏衣服外，抛笔这个游戏还有没有其他潜在的危险，例如误伤同学等；怎么避免，有没有更合适更安全的物品或者其他游戏可以替代。

◆ "容错空间"的边界

但是，如果孩子的言行对自己、他人和社会带来了伤害或者破坏，让孩子的成长偏离了健康的轨道，那必须要严肃批评，而且要及时督促纠正，这是父母一定要掌握好的底线问题。

例如，孩子往窗外扔东西，是有乱扔垃圾的习惯，还是想砸人？把不属于自己的物品带回家，是有心还是无意？"养不教，亲之过"，及时纠正、规矩孩子的一些错误言行，才不会慢慢滋生出"恶果"。

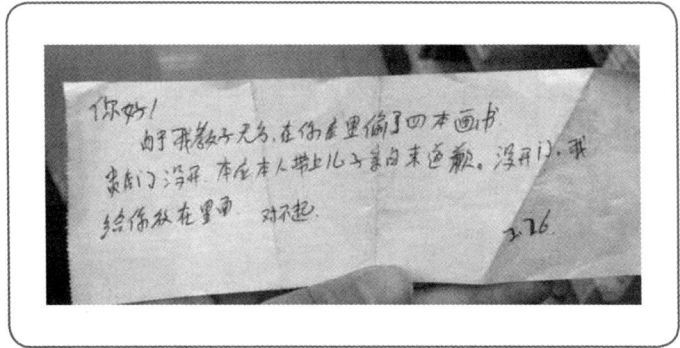

> 衢州一家书店的店员，在开门营业时发现门缝里被塞了40块钱和一张纸条。店员说："我们书店开了十几年，小朋友把书拿回家的情况时有发生，但像这位家长这样，来道歉并留下钱的是第一次。虽然没见到他们，但能感受到他们的歉意，非常感动。看到纸条后我们清点库存，才发现确实少了4本书。40元不多，但家长主动承认错误的态度非常可贵，孩子难免犯错，特别需要家长以身作则，给予引导。"

批评有"方"

◆ 建设性的批评

"过错"是个训练场，而批评，不仅仅是指出孩子的错误或缺点，更要让ta知道努力和改进的方向。

一个孩子把同学的书包扔到教室外，因为那几个同学先把他的饭袋踢来踢去。这时，对这个孩子的家长来说，他们要做的是批评孩子的做法，也要指导他学会自我保护和有效应对。而对那几个同学的家长来说，要批评孩子的不仅仅是做法，还有他们的动机，指导他们如何分辨"玩笑""恶作剧"和"欺凌"，如何与同伴友好相处。

◆ 从"冲突"中学习

一年级的一个男孩和一个女孩在学校里发生了不开心，引发了家长在网上的对骂。起因其实并不复杂，男孩课间想去抱女孩，女孩不愿意，就踢了男孩一脚，正好踢在"小弟弟"的地方。男孩家长心疼了，说女孩心狠手辣，女孩家长也不示弱，骂男孩是流氓……

这件事情其实是因为双方孩子心智发育和认识水平不对等造成的。男孩的心智发育比女孩慢，刚从幼儿园走出来的他，性别意识还不是那么清楚，父母也没和他说过怎么与异性友好交往。在他的头脑中，幼儿园里上厕所、睡觉都是在一起，男孩女孩手牵手、抱一抱很平常，所以他觉得拥抱是友好的表示。但女孩的家长从小告诉她不能让男孩子随便碰，所以就把男孩的"友好"当成了"骚扰"并加以狠狠地还击。

双方家长的处理方式，都是向外的指责，除了让孩子相互交恶、断绝往来以外，其实对孩子来说，还是一头雾水，既不知道自己的做法有何不恰当之处，也不清楚自己要做何调整，更是从家长的处理中学会了不恰当的应对方式。如果家长能先冷静思考，会发现这是一个很好地引导孩子去理解性别差异和他人多元化视角的机会。孩子能理解别人的"不同"，才不会以自我为中心，才会在宽容中学习怎么和不同的人得体地打交道。

孩子之间起摩擦，家长不要急着替孩子解决，应先区分性质，尽量避免简单直接地干涉孩子的人际交往。我们可以引导孩子从冲突中学习发现问题、认识自己和他人的不同、自我完善、调整互动，帮助孩子发展一些承受负面情绪、处理人际交往、自我保护的能力，避免一些破坏友谊的行为，学会建设性地应对冲突。

家长也可以设计一些冲突的场景，引导孩子去分析、讨论、扮演，做好孩子的心理建设，掌握处理的方法，让ta知道在冲突不可避免的时候，怎么做好最大的自我保护，正确对待交往冲突。

但对涉及到原则性和有伤害性的冲突，例如校园欺凌、性骚扰等，家长要有足够的重视并给予孩子有力的陪伴和支持。

◆ 语言的力量

儿子练琴，弓法手势不到位，怎么提醒都还是老样子，我急火攻心。

儿子被逼急了，吼出一句："我不要你这个妈妈！"

当头棒喝！我停了下来，语气变缓："是不要我这个妈妈，还是不要什么样的妈妈？"（引导孩子清楚表达内心，而不是被情绪任性驱使）

儿子的语气也没那么激动了："我不要这么凶的妈妈。"

"那你期望妈妈这时怎么说怎么做呢？"

"你提醒我怎么做就好了。"

"如果我这样说了做了,你还是没有改变,怎么办呢?"

"妈妈,我可能改得没有那么快,能不能多给我一点时间?你一凶,我所有的注意力都集中在不开心和害怕上了,没有时间来思考怎么去改进……"

"好的,谢谢你给我的及时提醒。那这个妈妈还要吗?"

"要的,妈妈。"儿子放下琴,抱住我。

无论是提醒、指导、讨论还是批评,我们都要记得时刻提醒自己:

◎ 牢记初心——我们的目标是什么,是成长还是伤害?

◎ 情绪稳定——会及时"刹车",避免感情用事。

◎ 言行一致——说到做到,有持续性。

◎ 言简意赅——不要"碎碎念",不要"翻旧账"。

◎ 对事不对人——不要"贴标签",全盘否定。

◎ 文明用语——良言一句三冬暖,恶语伤人六月寒。

我们都是期望孩子能做得更好,而不是打击 ta 什么都不行。那么,当我们开口时,就需要衡量一下,我这句话说出去,是和我的期望形成合力,还是会南辕北辙,把沟通引导到和初心完全不同甚至是要引起彼此"炸毛"的方向呢?尤其是那些伤人的、嫌弃的、侮辱的话语,会让孩子内心缺乏安全感,怀疑自己、怀疑人生,觉得无依无靠。

很多父母会觉得:"我对 ta 那么好,ta 怎么就不知道我说的那些狠话是违心的假话呢?"

网友做了一个比喻:"就算你放的是空枪,你也是开枪了。但对面的人不知道这是空枪,他只听到你扣动了扳机。"

公益短片《语言暴力》告诉我们:父母的语言里藏着孩子的未来,语言是有能量的,积极的温暖的语言能让孩子变得自信、乐观,而攻击性、伤害性的语言可能毁掉孩子的一生。

想一想,也可以问一问,在我和孩子的交往中,有没有什么伤感情的话语?找出来,从我们的言语系统中删除掉。

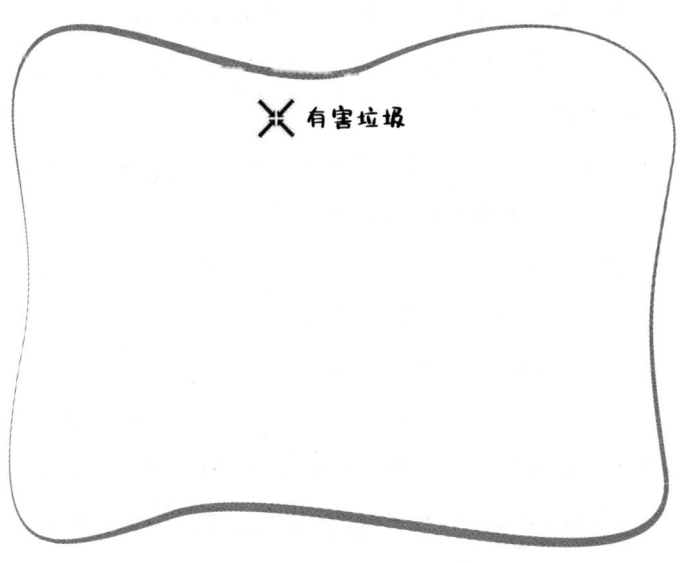

有害垃圾

肯德基里的故事

带儿子在肯德基吃早餐。

我低头看手机,不料"啪"的一声,我的手机上已经都是豆浆,抬头一看,对面的杯子倒了,儿子手足无措地看着我。

我的心里掠过一丝不快,就在不到几分钟之前,我还刚和他说过小心点,不要碰倒杯子(这是不是消极暗示啊)。

但我很快地控制住了自己喷薄欲出的生气,看着他:"怎么办呢?"

儿子马上站起来:"我去借一个拖把来拖干净。"

隔了一会,旁边走过来一个年轻女士,跟我说:"我能单独和您聊一会吗?"

女士说:"刚才一幕我看到了,我就在想,如果是我打翻了杯子,我爸肯定是一边大骂一边就一记耳光过来了。"

她说了很多从小到大一犯错就被父母打骂的情景,语气很轻,但仍掩饰不住内心的惊恐和害怕。

"我发誓等我有了孩子,我一定不会这样对ta。但我没想到的是,当孩子犯错时,我竟然也像我爸一样。那一次我发火,把鞋柜里几十双鞋都朝他扔了过去!直到有一天,他把我扔向他的鞋朝我扔回来,还朝我大嚷'你怎么不去死！'我知道这句话是我情绪失控时说他的,可他才四年级啊!我不知道为什么我痛恨父母那样对我,而现在我也成为了他们,我担心他将来也会变成这样……"

一个姑娘和我抱怨说外婆脾气差,像个"质检员"一样老是指责抱怨,经常弄得家里所有人都不开心。

我问她:"那你妈妈呢?她是怎么应对的?"

她说妈妈问题更大,脾气更差劲,经常和外婆吵。

"你期望若干年后,你的孩子也重复这句话吗?"

姑娘大笑起来——"我明白了。"

学习的智慧

——学亦有"道"

常常会听到有的家长夸"别人家的孩子"省心、自觉、不用管,还成绩好,殊不知"别人家的父母"也会管,只是更多的是"惯"。这个"惯"不是娇惯,而是帮助孩子养成好习惯。

在我多年和学生的接触中,我看到过太多孩子因为学习习惯和策略不当导致学业水平提升受限,也帮助过很多孩子通过改进学习习惯和策略而学业进步不小。我就在想,如果孩子能从小养成良好的学习习惯,那要少走多少弯路啊?

学习不仅靠聪明,方法和习惯很重要。

定时作业、绩效训练

◆ 什么时间做作业

想一想,在我们家,孩子放学回家后的日程安排是谁来制定的?是我们和孩子一起商量,还是孩子只是执行者,被安排什么时间要做什么事情?

有的父母可能会说,孩子哪有这个自觉性,我们不安排的话 ta 就只知道玩。因为不放心,所以不放手。如果一直是这样,孩子是很难发展出学习自觉性的,很可能只能在父母的陪伴或监督下才能学习,学习就成了家长下班回家后才开始的事情。如果家长下班晚,孩子做作业的速度又慢的话,不仅容易点燃家长的情绪,还会影响孩子的入睡时间,对孩子的成长也不利。

让孩子从小参与到如何一起制定计划并有效执行中来,这本身就是对自主性的培养。有家长说孩子不愿意怎么办?一个是我们前面说的习惯越早培养越好,而不是等 ta 自己的习惯养成以后再去纠正。在这个过程中,家长需要的是坚持。另一个就是对于已经约定好的安排,家长和孩子都要言出必行。如果孩子作业完成越早,家长用来补充额外作业的时间越多,那孩子是绝不肯先完成校内作业的。在这个过程中,家长需要的是诚信。

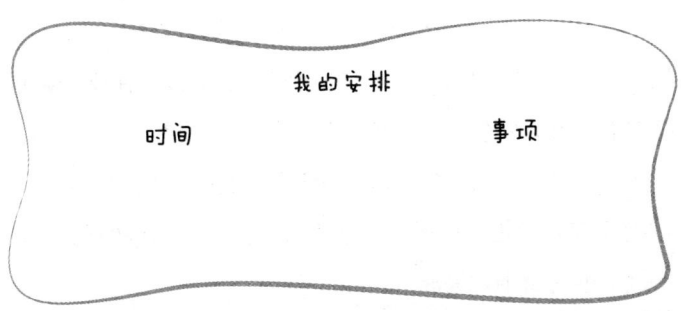

◆ 多少时间完成作业

做作业,不是做完就可以的问题,而是要让孩子有时间观念——这份作业应该在多少时间内完成。如果孩子平时做作业的时间是随心所欲的话,会带来两个后果。

一个是实际做作业的时间要多于需要的时间,不仅影响了后续其他事情的安排,更重要的是让孩子缺乏时间和效率观念。

另一个是很多孩子平时做作业习惯了散步式思考和做题,碰到有时间限制的测验或者考试,就无法完全呈现出自己的真实水平,要么来不及做,要么就是仓促完成质量不高。有的孩子是把作业、测验和考试区别对待的,就容易出现作业做得好,测验还可以,考试就不行。为什么?因为没有一脉相承的做题习惯。

如果孩子在平时做作业的过程中养成了配速训练、按照考试要求来定时、定量、定效果的习惯,那么 ta 在考试时就是在做平时的事,自然也不容易慌。配速训练不仅仅是思维和书写速度的训练,也是紧迫感和专注度的训练。

不是要求每个孩子都要有同样的速度,而是我们要根据自己孩子的情况练就 ta 自己的速度。如果孩子在刚开始训练时有困难,我们可以设置小单元时间来训练。和孩子商量一个能接受、愿尝试的时间,设置好训练量(比如说多少分钟内完成多少题,写多少个字等),每天坚持并做好记录,一周后就能看出效果。

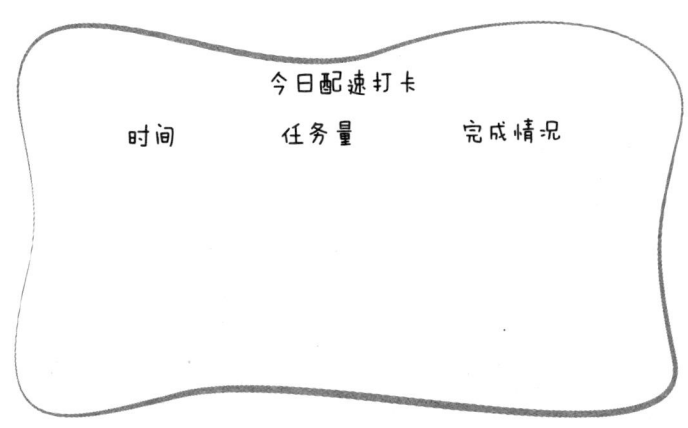

分析失误,寻找对策

我小学时,我妈就和我说过一句话——考到 100 分不要得意,因为你只是这张卷子拿到了 100 分,并不代表所有知识你都掌握了;没考到 100 分也不要沮丧,这些失误的地方就是你知识和能力的漏洞,失分就是得分点。所以我从小到大对分数都不敏感,我的关注点是考得好我是怎么做到的,考得不好是什么原因,我怎么从失误中学习。

◆ 分析失误原因

题目没做对,我们要和孩子一起分析原因。我把失误原因分了四大类。让孩子以数字回答各个原因的失分数值,看看失误最多的原因是什么。

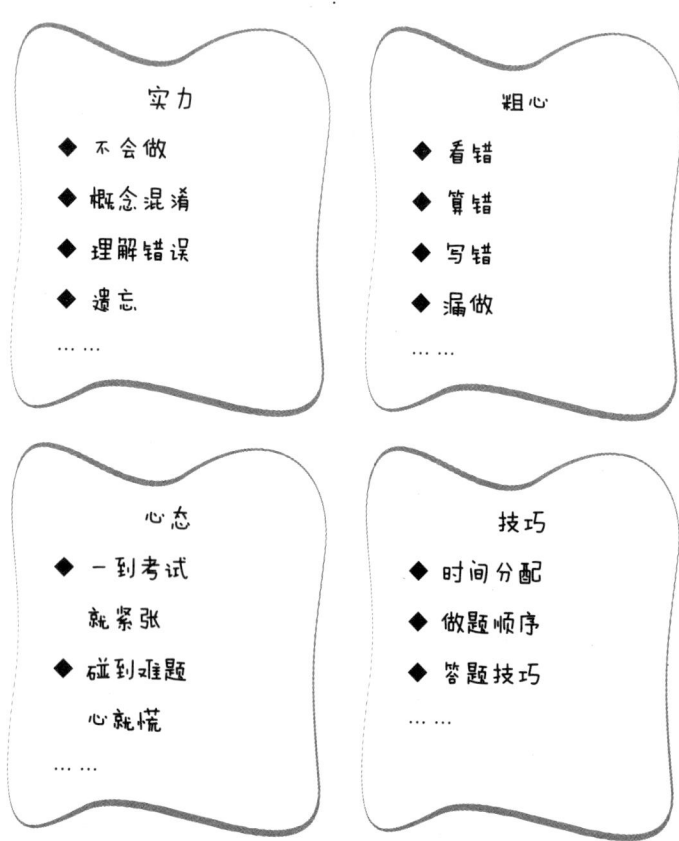

实力
- 不会做
- 概念混淆
- 理解错误
- 遗忘
……

粗心
- 看错
- 算错
- 写错
- 漏做
……

心态
- 一到考试就紧张
- 碰到难题心就慌
……

技巧
- 时间分配
- 做题顺序
- 答题技巧
……

◆ **寻找有效对策**

做题要认真仔细,这个话没有操作性,因为没有哪个孩子是故意马虎的。我们要和孩子一起根据不同的失误原因寻找有效对策,并在后续的学习中有的放矢地加以练习。

比如说"概念混淆",那么就要弄清楚正确的概念是什么;容易看漏重要条件,那么就要养成一边看题一边圈画关键词的习惯;考试容易紧张,就需要了解孩子紧张的原因,尤其是有没有和父母期望过高有关,平时注意练习放松技巧;如果是"我都会做,就是来不及",那么就要训练配速,这和我们练习计时跳绳是一样的道理。

有一类失误我们家长要留心,就是假掌握。比如说卷子一交或者回到家就想起来怎么做了,这种情况尤其要当心。这种失误反映出孩子对这个知识点的掌握不够熟练牢固,反应不够迅速,需要再巩固。

当孩子有进步时,我们可以询问孩子:"你上次粗心扣了5分,这次扣了3分,你是怎么做到减少粗心的呢?"让孩子在讲述中强化成功的经验并继续执行。

◆ 提升学习的经验

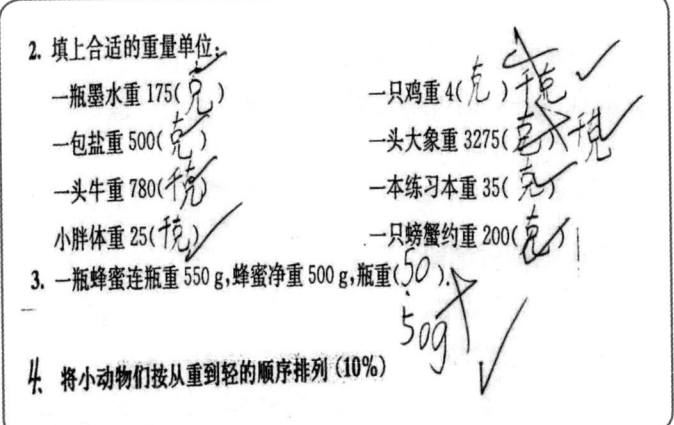

这是儿子小学二年级时的作业,大家可以看到这上面错了三道题,儿子说都是粗心,第2题的两道错题,少写了"千"字,第3题是漏写了单位。但在我看来,这并不完全是粗心。第3题漏写单位可能是一个作业习惯问题,第2题并不一定是少写了一个"千"字的问题,有可能是孩子缺乏生活经验,在填写单位时有些小迷糊。这三道错题反映出来的问题并不一样,从而采取的措施也不相同。

我问他:"以后再碰到这种情况,你有什么好办法来应对呢?"

他说,以后在做应用题时,脑子里要有一个提醒,做好以后看看单位写没写。第2题自己也忘了当时是怎么想的,但以后可以通过同题比较来检查,鸡和练习本谁重谁轻,牛和大象谁重谁轻,或者就用自己的体重作为参考标准,那就不容易错了。

题目做错了,不是简单地订正。我们可以和孩子一起讨论,有什么好对策可以避免出现重复的失误。这对孩子来说,是一个很重要的学习。

有用的得分策略

◆ 把试卷分为 AB 卷

有的孩子比较执着于按照题目顺序从前往后做题,中间遇到难题就死磕，导致后面会做的题目没时间或是匆忙作答。如果孩子有这种情况，那么我们就要让孩子学习一种新的做题策略——无论平时练习还是考试，都按照从易到难的原则把试卷分成 A 卷和 B 卷。自己会做的是 A 卷，第一遍做题没有思路的，题目前做好记号就归入 B 卷。先根据基本配速完成 A 卷，然后再回来尝试 B 卷。

分卷的目的是首先保证完成自己会做的题目，拿住基本分，然后再去尝试把握不大的难题时，由于会做的都做了，没有后顾之忧，做题时的心态也会不一样。

做题的顺序不是单纯地从前往后，而是根据自己对知识的掌握情况从易到难。

◆ 认真对待每一分

有的孩子觉得后面大题的分数"更值钱"，在做题时前快后慢，牺牲做基础题的时间，用来攻压轴题。其实，虽然前面小题和后面大题难易程度不同，但分数的含金量都一样，虽然大题会拉开分数差距，但若有把握的基础分没拿住，压轴大题又拿不了几分的话，实在是有些得不偿失。

善待每一分，尤其是孩子最有把握拿到的分。

◆ 字迹工整

毋庸多说,大家都能明白这个策略的重要性了吧。

整理错题、反思提高

错题是非常有价值的。能把错题给自己讲清楚、彻底弄懂,比简单刷题更受益,至少已经摔过的坑可以避免。

错题订正时一定要反思:我为什么没拿到分,是知识点不清楚还是跳步,当时为什么想不到,卡在哪个点上……每一道错题的反思,其实都是一个小型知识点的复习,事后一定要把这些环节理清楚。而且错题不是订正一遍就 ok,

因为我们遗忘的规律是先快后慢，如果间隔一周半月还能做对，并且说出道理，那才算掌握。

> **错题反思**
>
> ◆ 这道题考察的知识点是什么？
>
> ◆ 这个知识点的具体内容是什么？
>
> ◆ 这道题是怎样运用这一知识点解决问题的？
>
> ◆ 这道题的关键点有哪些？
>
> ◆ 针对我的失分原因有啥应对措施？
>
> ◆ 这个知识点还有相关错题吗？

我和家长讲要培养孩子整理错题的习惯，有妈妈马上就接纳采用了。但她不是让孩子自己去整理，而是帮孩子把练习、作业、测验中的错题都整理得井井有条，还附上详细的错题原因分析和题目解析，然后督促孩子看。但是这种"代办"并没有培养孩子自主学习、自主整理的意识和能力，因为孩子没有主动性，看错题本也是完成任务，从错题本中获得的价值就大打折扣。妈妈反倒很生气失望——我辛辛苦苦费那么多时间来做，结果你还是照旧错！

指导孩子一起整理错题，而不是代替孩子整理。

学习检查、自主负责

儿子刚进小学时，做完作业让我们帮他检查。我们不想他有这种依赖性，当时就跟他说他有两个选择：一个是我们帮他检查，但是考试时他要向老师申请父母也坐在旁边帮他检查；另一个就是自己检查，但我们会指导他学习如何进行检查。他自然不会选择父母陪考，那么就只能自己学习检查，慢慢地他也掌握了检查的要点和方法。虽然不能保证完全正确，本子上有时也会出现红红的"×"，亦可能会面临老师的批评，但他独立学习的能力越来越强。但如果我们从一开始就包办他的学习，那他始终会依赖我们，就难以发展出独立应对的能力。

放手让孩子去尝试，并不是意味着简单地做一个"甩手掌柜"，而是要让孩子掌握一定的方法，在实践中学习和锻炼能力。

我们教孩子怎么检查呢？

◆ 检查作业完成情况

◎ 对照记事本，完成的打个"√"；

◎ 题目做完了吗？

◎ 橡皮擦过的地方有没有及时写上去。

……

◆ **检查做题正确情况**

◎ 关键词圈划了吗?答案和关键词信息一致吗?

◎ 单位都写了吗?

◎ 题号前有记号的再仔细看看。

◎ 遮住答案重新演算。

……

◆ **检查书包整理情况**

◎ 书、作业本都分类放好了吗?

◎ 文具放好了吗?

◎ 其他需要带的东西装好了吗?

……

有句话说得很好——

"真正的园丁,不会在意花开的时间,只会默默耕耘,静待花开……"

但是,很多父母并没有真正理解"静待花开"的含义,还忘记了"默默耕耘"。

学习是孩子的事情,但让孩子能真正领会并做到学习是自己的事情,需要我们父母在日常的点滴中,"智慧"地陪伴和放手。

和"拖拉"说再见

——理解孩子的"慢"

"周老师,昨天小朋友跟我说她不要学习了!你说怎么办啊?"

一位小学一年级学生的妈妈着急地和我说。

"她在什么情况下说这句话的?"

"昨天晚上快十点了她还在做作业,我让她快点做好去睡觉,可她就是不加快。我还有一大堆工作要忙,所以就很急,语气就凶了一点。没想到她情绪一下就爆发了,一边哭闹一边叫嚷'我讨厌学习!我不要学习!'"

"一年级的孩子,有这么多的作业吗?怎么会做到这么晚?"

"不是学校的作业,是我给她布置的。"

"那么她说'讨厌学习,不要学习'是指所有的学习还是指什么?"

妈妈想了一下,"应该是指我给她额外布置的学习。"

"你给她额外布置了很多吗?"

"没有啊。比如说语文,他们有识字和写字两种,识字就是会认、会读、会组词,写字就是还要写得出。我就是让她每天把识字也要写出来,又没多少字,她就是磨磨唧唧的。"

原来这位妈妈因为小朋友是"零起点",很担心女儿和同学的差距越来越大,担心女儿因为学习不好会被老师批评,担心女儿因此在各种评选中失利,担心人家说硕士父母连自己的孩子都教不好,担心……于是每天都要给女儿"加餐",结果每天都要搞到很晚,每天几乎都会闹得不开心。

听这位妈妈"机关枪"一般的说话,我感觉到扑面而来的焦虑,也理解了那个小小的孩子为什么会"爆发"。

"那你问过她原因吗?"

"问过啊,她说就是做不快。"

"有没有想过你的原因?"

"我?我怎么了?"

"如果你完成工作以后,领导又给你加了你不情愿做的任务,你会怎么样?领导还在一边唠叨监工,你又会怎么样?你工作以来,就没有发过'不想上班'的牢骚?"

妈妈看着我,不说话了。

我的孩子为什么会"拖拉"

我给"拖拉"二字加了引号,是因为"拖拉"是从我们大人的视角来看的,我们觉得孩子磨蹭。可是,我们有没有从孩子的角度想过,他们为什么会"慢"呢?

◆ 父母 hold 不住自己的焦虑

一个妈妈心急火燎跟我抱怨,女儿每天作业都做得很慢,心里急死了。

我问她:"你觉得是她做得慢还是就需要这么多时间?"妈妈说:"我也不知道。"我建议她和女儿一起做,看看两个人的时间差。第二天,妈妈和我反馈,她只比女儿快了一刻钟。

有一些"慢",并不是真的慢,而是父母 hold 不住自己的焦虑。就像这位妈妈,虽然她比女儿提前完成,但对于孩子,无论是她的书写速度和思维速度,肯定比几十岁的成年人要慢。这个"慢",不是慢。

说实话,我觉得小学生女儿只比妈妈晚了一刻钟,已经是很厉害了。

◆ 喜欢享受慢节奏

有的孩子,也许是个性使然,不喜欢"急吼拉吼"的节奏,慢慢地做事,慢慢地说话,喜欢享受这种慢生活的节奏，ta觉得很安全、心不慌，是一种情绪的释放，但父母却不想接纳这样的孩子，觉得时间就应该被充分利用，"天下武功，唯快不破！"尤其是当急性子的父母遇上慢性子的娃，那擦出火花的概率是相当的大。

◆ **心有余而力不足**

"我也想写得快一点，写得好一点，可我的手和笔不听我的话。"

刚学写字的孩子，手腕手指肌肉没有发育成熟，手眼协调性较差，精细动作也不到位，掌握不好握笔的力量，所以写字比较慢。再加上孩子认真或大人要求高，想要写好，没写好就一直擦一直写，作业时间自然就拉长了。

有的孩子是学习有困难，没有完全弄懂或者思路不通畅，需要帮助，却担心被父母责骂而不知如何开口，但父母站在自己的理解水平上不愿意多等一等，只给了责怪和责怪后面同样的无能为力。

有的孩子，因为有器质性的原因如注意力缺陷等，也会不自觉地分心，影响做事的效率。

◆ **自我保护**

有一些"慢"，是孩子在家长的不断"加码"下产生的自我保护。孩子完成学校作业以后家长还会布置许多额外的功课，就像开篇的那个孩子，无师自通地选择了"消极怠工"。有一次下班回家，我就在电梯里碰到一个妈妈叮嘱儿子回家快点做作业。儿子一边玩着手里的小玩具,一边慢条斯理说:"急什么啊,我做完了你就要布置更多的,做那么快干吗?"

◆ 内动力不足

如果一个孩子从小什么都是被安排好,无需操心什么,每天都是被大人推着往前走,从来没有体验过责任感,ta怎么会想着为自己做什么事(包括学习)呢?在ta的心里,学习是大人的事情,是你们要我学习的,学习又不是一件愉快的事情,所以能晚则晚,能拖则拖。

◆ 缺乏良好的生活学习习惯

有的父母觉得孩子还小,等孩子长大再培养习惯,所以从小给了孩子过于宽松乃至放任的教养环境,导致孩子没有时间观念,做事缺乏计划性、条理性。还有的父母,在孩子小的时候,无论孩子做什么,看书、画画、玩玩具,他们总喜欢有意识无意识地打扰孩子,摸摸头亲亲脸,送点水果点心,问这问那,或者评论好坏等等,这些都容易让孩子在不知不觉中形成慢悠悠和不专注的习惯,导致孩子做事、做作业没有时间概念,注意力不集中,容易分心,要么边做作业边玩文具或是桌上的小东西,要么就是做着做着就被其他声音或者有趣的事情吸引过去,常常忘记还有作业这回事。

想一想,我们的要求和催促,在孩子身上,究竟内化成了我们期待的动力,还是变成了意料之外的反作用力?

"慢",不是孩子一个人的课题。

蹲下身,理解孩子的处境和感受

任何事情,当我们愿意蹲下身来,立足孩子的实际情况,理解孩子的处境和感受,问题就已经解决了一半。

◆ 和孩子一起看看绘本《快点,慢下来吧!》,理解快慢皆人生,快慢亦有道。

◆ 因为有困难,所以慢。放下自己成功的经历和视野,看看在基于孩子现实的水平上我们可以做些什么,而不是只在一边埋怨 ta 慢。

◆ 不压榨孩子的自由时间,引入激励机制。准备一块写字板,和孩子一起商量制定学习时间和内容,让孩子把安排写在板上。只要孩子保质保量完成了学习任务,就可以自主安排时间,做自己喜欢的事情。有目标才有动力,父母可不能出尔反尔、变本加厉。

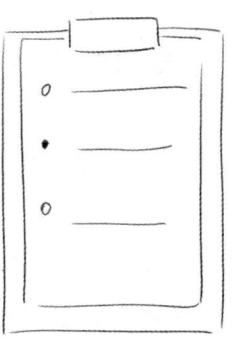

放开手,让学习成为孩子自己的事

不要替孩子安排好所有的一切:几点几点干什么,几点几点写什么作业,几点几点我要检查。当我们这样做的时候,我们就是在替孩子安排,替孩子学习,替孩子把本该属于自己的事情当成父母的事。

我们需要做的是让孩子从小养成自己事情自己负责的习惯。怎么让孩子明确这是自己的事情呢,我觉得有一个前提就是孩子首先要有选择的权利,在权衡思考中学会分析不同选择的利弊以及可能要承担的后果。只有在 ta 心里认同这个选择,ta 才可能明确自己肩负的责任并为之努力。

等一等,给孩子信任的时间

有的时候,大人的"催促",可能反倒会导致孩子更"慢"。

原本 ta 在做一件事,虽然慢,但 ta 的脑海里就这件事情。如果家长在一旁催促,ta 就会担心父母会不会发火,就容易着急,这时反倒难以集中精力去主动专心地完成这件事。

比如说早上上学,孩子在穿鞋,如果是系带鞋,ta 可能会因为不熟练而比较慢。如果这时我们催促 ta "快点快点,不然要迟到了",这时ta的脑海里,除了怎么快速把鞋穿上以外,还会出现怎么应对父母的催促和万一迟到的后果。这样一来,反倒动作更慢了。

停下来,等一等,也不要为了赶时间就帮孩子做。情愿早一点,给孩子多一点时间,让ta定心完成。然后,我们要找时间训练孩子的生活自理能力,帮助孩子提升熟练度。这些技能的掌握也有助于培养孩子的责任感和自信心。

变一变,学习可以更有趣

一个妈妈很发愁,说儿子英文很好,对中文识字兴趣不大。每次让他认字,就找各种理由拖延。我问妈妈:"他有什么喜欢的吗?""变形金刚,每一个都能说出名字,不过是英文。""那就和他一起玩'中英文配对游戏'吧。"

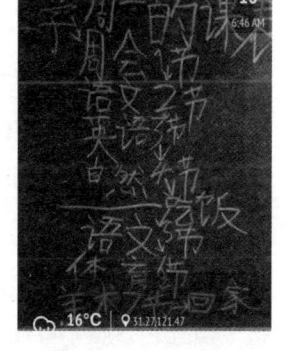

孩子终究是孩子,同样的事情,换个形式,可能孩子的兴奋点就会被点燃。像开篇那个妈妈,识字部分的内容要比写字部分的笔画更多更复杂,这对孩子的要求就更高,也需要更多的时间。那我们是不是可以换个方式:

如果孩子愿意去挑战，那么能否把选择的权利交给她，挑选她愿意写的那几个字？

一定要写在纸上吗，做小老师写在小黑板上可不可以？

来一场亲子"汉字听写大会"，孩子口述笔画来考父母听力，"请抢答这是什么字"，可以吗？

陪一陪，提高孩子的应对能力

◆ 比如说 ta 在某些学科上因为有没听懂、不理解的地方，所以在做作业的时候绞尽脑汁也无从下手。对于这样的孩子，我们不妨从两个方面来帮助 ta。一个是让孩子尝试先做喜欢和擅长的作业，把有难度的作业放到最后来完成，这样既可以控制时间和速度，也符合考试时我们先易后难的答题策略；另一个就是在做有难度的作业前，先和孩子回顾复习一下相关的知识点和例题，并累积到错题本上，标注作为复习的重点。

◆ 小学生的注意力专注时间有限，所以我们可以根据孩子情况，参照"番茄工作法"，制定一个合适的小单元时间和相应的任务量。

◆ 空闲时间，我们可以和孩子一起多做做用筷子夹球、挑棒、剪纸、用纸牌建高楼等活动，有针对性地锻炼手部肌肉控制力。

◆ 在生活中，多给予孩子参与家务劳动的机会，生活学习也会更有条理性。

"快"和"慢"是相对的。脱离孩子实际情况一味求快求多，只会"欲速则不达"，亲子关系更紧张。

当我们愿意留一些时间，陪孩子慢慢成长，这其中成就的，不止是孩子！

> **看见孩子的不容易**
>
> ◆ 这份"工作"至少要干12年，每天早晨6点多起床到指定单位上班，下午17点甚至更晚下班；
>
> ◆ 上班过程：每天点名，经常考核，还会不停改返工；
>
> ◆ 下班后：不仅有单位的工作，还有家人的任务，常常加班到很晚，动作慢还要吃批评；
>
> ◆ 好不容易有一个周末，还要到别的单位去兼职；
>
> ◆ 经常被家人嫌弃工资少，而且他们特别喜欢把你的工资和别人家的作比较；
>
> ……

我想和ta结婚

——和孩子谈"情"说"爱"

"周老师,你知道我们家儿子昨天回来和我说什么吗?他说他以后想和班里的XXX结婚,让她做老婆!"

"哦,那你怎么回应他的呢?"

"我没回答他,我就问他作业做好了吗?让他快点去做作业。"

"你为什么不回应他的这个话题呢?"

"我不知道怎么回应啊!你说,一年级的孩子,懂啥爱不爱的,怎么就会讨论结婚的事情,还老婆老婆的。"

"我有点好奇哈,你儿子从哪知道'老婆'这个称谓?你先生当着他的面叫你'老婆'吗?"

"没有啊,我们家都是直接叫名字的。《灰太狼与喜洋洋》里不就是这么叫的嘛。"

"好吧。那你不回应他,是觉得什么地方有困难吗?"

"我不知道怎么和一个六岁的孩子去说这个事情,所以

我来请教你了。"

一个小学生的妈妈给我描述了她遇到的尴尬,如果你的孩子也和你说了类似的话题,作为父母,你觉得怎么回答比较合适呢?

婚姻敏感期

一般来说,在孩子的成长过程中,4岁以后会出现一个对爱情和婚姻向往的时期,如想要和自己的爸爸或妈妈或身边的某人结婚,想要给喜欢的人送花送巧克力等礼物,我们把这个时期称为"婚姻敏感期"。

当孩子出现一些模仿大人恋爱和结婚的言行时,他们对于爱情和婚姻的理解其实和我们成年人想的并不是同一回事。他们只是单纯地感受到了爱与喜欢的温度,想表达出对ta的友好与喜欢,在对方遇到困难时想帮助和保护ta,认为两个人结婚后,能够在一起生活是一件很开心很幸福的事情。

无论是婚姻敏感期,还是青春期,每一个触碰爱的阶段,都是孩子认识自我、认识他人和认识爱的重要时期。在孩子爱人和被人爱的过程中,他们会有欣赏、爱、自信或者难过、受伤、怀疑等各种丰富的情感体验。如果我们能和他们一起善待爱的萌芽,认识到爱情是一种双向奔赴的情感,是我们对自己和所爱者的生命及其成长的关怀,有助于他们形成健康的婚恋观,也让他们能更好地认识自己、发展自己,为成年后的情感和婚姻关系奠定美好的基础。

所以,当孩子把内心的小秘密告诉我们时,我们应该很开心,因为这说明孩子很信任我们,愿意和我们分享 ta 的所思所想所感。

谢谢孩子给了我们一次很好的机会,可以一起谈谈爱与责任。

爱是什么

国外曾有研究者向 4—8 岁的孩子提问——"爱是什么(What does love mean?)",孩子们的回答让我们眼前一亮。

我奶奶得了关节炎后,她就再也不能弯下身子去给她的脚趾涂趾甲油了。所以我爷爷总是为她涂,即使他自己的手也得了关节炎。这就是爱。

——丽贝卡,8 岁

当有人爱你,他们叫你的名字的方式是不一样的。你只知道你的名字出于他们的口中就有一种安全感。

——比利,4 岁

爱就是在你累的时候让你笑起来的东西。

——特里,4 岁

爱就是当你出去吃东西时，你把大部分的薯条给他们，而没有叫他们把他们的给你。

——克瑞丝，6岁

妈咪会挑最好的鸡块给爹地，这就是爱。

——伊莱恩，5岁

爱就是妈咪看到爹地一身臭汗的样子仍然说他比罗伯特·雷德福① 还帅。

——克里斯，7岁

爱就是当我妈咪给爹地泡咖啡，在给他之前先尝一口，看看味道是不是还可以。

——丹尼，7岁

爱就像一个小老太婆和一个小老头儿，尽管他们彼此很了解，但却仍然是朋友。

——汤米，6岁

我们可以问问孩子——你觉得爱是什么？在你的眼里，你看到了哪些地方有爱的存在？

我们也可以和孩子一起来阅读外国小朋友眼中的爱，看看这些描述中体现了爱的什么特征？

我们再来"说文解字"，看看"爱"的繁写和简写包含了哪些要素，写在字的旁边吧。

---

① Robert Redford，美国电影演员与导演。

爱　　　爱

孩子们的回答，其实也是他们在自己的生活中，从父母、家人、朋友那里感受到的爱的折射。在日常生活的点滴中，孩子感受到父母之间的爱，家人朋友之间的爱，会让他们更有安全感和幸福感。这种"润物细无声"的爱和温暖，不仅有利于孩子的身心健康，还会让孩子学习更好地爱自己爱他人。

坦然与孩子谈"情"说"爱"

孩子每一次和我们说起的话题，都是在给我们打开一扇可以更多看见 ta 内心世界的窗户。合适的回应和沟通，可以借此越聊越开，孩子也愿意让我们更多地走近和走进 ta 的内心。而不恰当的回应、回避甚至指责，则会把孩子越推越远，尽管同在一屋檐下，我们却不知 ta 在想什么。

回到这个妈妈的问题。当孩子说"妈妈，我想和×××结婚，让她做老婆！"时，我们可以怎么说怎么做呢？

我觉得最重要的一点是我们不要大惊小怪或者遮遮掩掩，感觉遇上了洪水猛兽。即便我们内心微微有了点涟漪，我们也可以把这话题看成是孩子在成长的信号。其实孩子嘴里的"结婚"未必就是我们成年人头脑中的"结婚"，我们不妨面带自然微笑，保持好奇，轻松随意地往下聊。

★ 哦，你怎么有这个想法的？这个想法有多久了？（了解孩子提及这个话题的原因和现状）

★ 你觉得和其他同学相比，她有什么让你特别欣赏的地方吗？（进一步了解孩子喜欢对方的视角和原因，中间不做评价，可以通过"还有吗"的问句让孩子多说一些，家长也可以了解孩子的交友准则）

★ 关于她的这个优点／特点，你是从什么地方看出来的？（让孩子通过举例，进一步澄清对这些特征的认识）

★ 她知道你的想法吗？

（如果她知道）她是怎么知道的？她怎么回应？如果她没接受，你怎么办？

（如果她不知道）你为什么没有让她知道你的想法呢？（了解当事双方关于这个问题的应对）

★ 其他同学知道你这个想法吗？

（如果有人／全班知道）他们是怎么知道的？他们怎么看或是有什么反应？这些反应对你和她有什么影响吗？

（如果没人知道）你没有让别人知道你的想法，是有什

么考虑吗?(了解孩子所处环境关于这个问题的反应)

★ 你说"以后要和她结婚",这个"以后"大概是什么时候?(了解孩子当下的想法,也可以无缝衔接普法宣传)

★ 那当你现在想到这个未来的事情,你有什么样的感受呢?(了解孩子是否因此而有困扰)

★ 谢谢你和我分享了你的快乐(任何正向情绪的词语),那你现在会为未来做些什么准备呢?(把孩子对未来美好生活的向往落实到当下的自我建设中)

★ 谢谢你和我分享了你的忧伤(任何负向情绪的词语),那你觉得可以做些什么来缓解呢?你觉得爸爸妈妈可以做些什么吗?(缓解孩子因此出现的一些负性情绪,成为孩子有力的支持系统)

……

在轻松、愉悦、平等的氛围中,和孩子讨论美好的情感和喜欢的人,欣赏和学习别人身上的闪光点。随着年龄的增长,我们还可以和孩子更深层次地讨论什么样的人,是值得托付的人,而我们自身要成为什么样的人,才能获得对方的青睐、值得对方的托付。当我们面临一厢情愿的情感时,如何选择也是需要学习的课题,不会因为爱不得而失去选择美好生活的愿望和能力。

一位五年级的女生收到同学写的一张纸条，上面写着：

友情是没有翅膀的爱情，

而由于某种目的而开始的友情，

是无法持续至目的达成的时刻。

作为父母的我们，能读懂这句话里的含义吗？

还是会觉得"爱情"那两个字，怎么那么灼目耀眼？

我从哪里来

——谈性不色变

餐桌上

男孩问奶奶：阿嬷，婴儿是怎么来的？

奶奶：婴儿？垃圾桶捡的。

男孩看着眼前的碗：叻沙汤①？

奶奶：长大你就会知道啦。

男孩又问保姆：雅蒂，婴儿是怎么来的？

保姆：垃圾桶。

男孩：垃圾桶？

保姆：亲爱的，这种东西不用教的，你自然会的。

---

① 闽南语中"垃圾桶"发音和"叻沙汤"相似。

晚上，冰箱门上

男孩给晚归的妈妈留了一张纸条：妈妈，请问我是怎么来的？

妈妈回贴了一张纸条：长大后你就知道！

放学后，校园，男孩碰到怀孕的老师

男孩：廖老师，我可以问你一个问题吗？

老师：可以。

男孩：你是怎样大肚子的？

老师：是爸爸的虫和妈妈的蛋结合了，变成胚胎，然后孩子就在妈妈的肚子里慢慢长大。

男孩：是你爸爸的虫啊？

老师：不是！

男孩：虫是谁放进去的？虫是怎样进去的？

老师：这个呢，明年我们学校会教，再见。

老师离开了，男孩转身遇到一位大腹便便的男士迎面走来

男孩看着男士的大肚腩：请问你的肚子也是蛋和虫结合造成的吗？

男士：不止，还有猪肉、鸡肉、牛肉、羊肉、炒粿条、炒米粉、蛋糕、巧克力、冰激凌、汽水，每天喝很多瓶。

男孩越来越憎。

这是新加坡电影《小孩不笨2》[①]里主人公杰利遇到的烦恼。影片里,杰利和女生小晰在排练时被同学恶作剧一推,嘴巴碰在了一起,排练间隙因为疲劳睡着后,又被同学们抬到一起。第二天三个男生告诉杰利,男生和女生亲嘴然后睡在一起就会大肚子生孩子。杰利和小晰都很害怕真的会生孩子,这成了纠缠在杰利心中的一个心结。

杰利问了家里人、学校的老师,还有大肚腩的路人,每个人的答案都不相同,这让杰利越来越迷惑不解。

偶然的机会,杰利听到一个大妈对一个孕妇说吃凤梨孩子容易掉,就买了很多凤梨让小晰吃。小晰吃了凤梨后肚子疼,杰利以为她肚里的孩子要出来了,赶紧带小晰去诊所,还愁眉苦脸告诉医生说他是孩子的父亲。

回到家后,父母不听杰利解释,不仅责骂杰利学坏了,还引发了家庭矛盾和冲突。

五花八门的"我从哪里来"

当我问学生,他们小时候是否问过父母"我从哪里来"这个问题,得到的回答又是什么时,一些学生从父母或家人那里知道的答案都很是"凄凉":路边或垃圾堆里捡的,洪

[①]《小孩不笨》和《小孩不笨2》是值得亲子一起观看的影片。

水冲来的，大鸟叼来的，甚至还有超市买来的。乖乖隆地咚，都是来路不明啊。甚至有位学生说小时候大人告诉她，爸爸把一颗种子放在戒指里，让妈妈吃下去，这样就有了baby。我只能打出友情提示：危险动作，请勿模仿。只有极少极少的学生从父母那里获得了正确的来源信息，绝大部分孩子都是像父母所说的那样"长大自然就知道了"或是自己看书明白的。

可我话题一转，问学生"将来如果你们的孩子问'我是从哪里来的'这个问题时，你们会如何回答呢"，学生们就开始闪烁其词打太极了。有的说"问你妈/爸去"，有的又传承了上一辈的"你长大就知道了""以后生物课会讲的""我会买本书让ta自己去看"。虽然只有极少同学说会和孩子科学地讲授，但还算欣慰的是，至少没有再提及一些捡来的传说，这也算是一大进步吧。

我怎么没在照片里

儿子在5岁多的时候曾经问过我这个问题，缘由很简单，他看见我们的结婚照只有我和他爸两个人，于是问我："我怎么没在照片里？"

我：因为那时还没有你呢。

儿子：那我在哪里？

我：嗯,那时你在空气里,大家都看不见你。

儿子：那后来大家怎么可以看见我了？

我：因为有一天,你和很多小朋友一起赛跑,你跑得最快,一下子把妈妈抱住了,又抱得最紧,你就在妈妈的肚子里住下了。刚开始你很小很小,就像一颗小豆子,但是你很会吃,慢慢地,你开始长大,也变得越来越有力气,就在妈妈肚子里游游泳啊,踢踢球啊,打打拳什么的。等到你住满十个月后,妈妈就到医院,请医生把你接出来,这样大家就看见你了。

儿子当时没有问我他和其他竞争者是怎么跑进妈妈肚子的,他的注意力都放在他跑步很快、胃口很好和很喜欢运动上了。

后来有一天,他问我他们是怎么跑进去的,我就跟他说:"就像你现在还不懂车是怎么驾驶的,所以要十八岁以后才能去学开车一样,你跑进去的这个过程现在你还不是很能理解,等你大一点,能理解了,我们再来探讨,好吗？"儿子很满意地又转到其他话题了。

其实孩子的兴趣是很广泛的,他的注意力会被其他感兴趣的事物所吸引,不会一直纠缠这个问题。但如果他没有获得他想要的答案,或者大人的回答反倒勾起了更大的好奇——"为什么小孩不能知道呢",那他可能就会选择其他的途径去了解,而且他以后也不大会跟父母再去谈类似的话题，因为他知道问了不仅得不到答案，还可能引发更大的麻烦。

谈性不色变

我们先来做一个小调查。

★ 你们家孩子有问过"我从哪里来"之类的问题吗？

★ 听到这个问题，你的第一反应是什么？

★ 你是怎么回答的？

★ 孩子对你的回答满意吗？

★ 你觉得要回答这个问题，比较难或者比较尴尬的地方在哪里？

不知道各位父母在看到或听到"性"这个字的时候，会有什么样的想法和感受。我们对性的态度，其实会影响我们的孩子。

无论是央视新闻调查节目《长大未成人》，还是少女意外怀孕求助热线，报道和现实中几乎所有的早孕少女都极少在第一时间告诉父母或家人。问及原因，都是担心会被父母骂死、打死，或者担心父母会看不起自己，对自己很失望等等。也许她们对后果的估计严重了一点，但至少反映出父母不能在她们最需要帮助的时候给予她们所需的安全感，我想这值得每一位父母深思。

《房思琪的初恋乐园》里有一个片段,房思琪被补习班老师性侵后虽然被 PUA 成功,但还是感觉到事情有点不对劲儿。她装作无意的样子问妈妈:"我们的家教好像什么都有,就是没有性教育。"妈妈却惊诧地回答道:"什么性教育?性教育是给那些需要性的人。所谓'教育'不就是这样吗?"

房思琪的暗示和呼救被"义正词严"的妈妈弹回去了……

房思琪就是林奕含,林奕含就是房思琪……

"性"这个问题,和太阳为什么东升西落一样,引发孩子的疑问是非常自然的事情。父母坦然接纳孩子问的任何问题,其实是在向孩子传递一个信息:

无论你有什么问题,我都乐于和你一起来探讨;

无论你碰到什么问题,我都愿意和你一起去面对。

这种坦然开放的态度,会给孩子一种安全的感觉,让 ta 愿意和你交流。如果我们动辄就大惊小怪——"小小年纪问这个干吗",或是躲闪回避——"你长大就知道了",甚至批评责骂,给孩子扣上一顶"你怎么不学好"的帽子,那亲子交流的大门其实就被我们慢慢关上了。

我们坦然和孩子谈性,是因为我们可以给孩子提供健康的获取性知识的渠道,探讨良好的卫生习惯,了解可能的后果,让他们尽早学会自我保护;

我们坦然和孩子谈性，是因为我们可以和他们一起讨论社会文化所认可的性道德规范和社会价值标准以及相关的法律规定；

我们坦然和孩子谈性，是因为我们坦诚和接纳的态度，会让孩子愿意和我们说，而不是觉得很羞耻很肮脏而无法启齿，更不会在遇到伤害后孤立无助……

《父与子的性教尬聊》

坦然和孩子谈性，是否就意味着要实话实说呢？

我觉得我们要考虑到孩子的接受和理解能力，选择用孩子能听懂的话来说。前些年有的地方小学性教育材料中直接出现了性行为的图片，我个人觉得不是很妥当。第一，并不是所有的孩子都有这样的疑问，我觉得对于低幼儿童的性教育，应该是父母来讲比较合适；第二，性行为本身是爱人间很隐私的行为，现在却在公开发行的图书上以直观的图片向低年龄儿童展示，我不知道孩子的接受效果会如何。

和孩子谈性，其实让父母难以开口的不是孩子从妈妈肚子里出来这件事，而是不知道该怎么解释孩子怎么进到妈妈肚子里的这个问题。那么，当我们被孩子问及"我从哪里来"的时候，我们可以怎么很好地回应呢？《父与子的性教尬聊》(Sex Chat with Pappu & Papa，印度 2016）这部剧虽然只有五集，但剧中家长如何给孩子进行性教育的形式和内容可以参考。

7岁小男孩帕普的妈妈要生二胎了。

他问爸爸："爸比，宝宝是怎么生出来的？"

帕普的老爸阿南德没有听从自己老爹的教诲："就跟孩子说'你是神赐予的礼物'。娃还小，别教坏了。"

他指着墙上的宣传画，开始和儿子解释精卵结合。

没想到儿子继续追问："那精子是怎么进入女人身体的？"

我想这肯定也是很多父母觉得难以启齿的地方。但阿南德拿出手机的充电线，把男性器官比作USB插口，把女性器官比作电脑的USB接口，USB线插入接口的过程就是精子进入女性身体的过程。

当儿子问道："那么，在我出生之前，你和妈妈也接受了这个过程吗？"阿南德很大方地承认："是的。你妈和我就是经历了这个过程，才有了你。因为两个人相爱便自然而然地发生了这些事情，所以帕普就是爸爸妈妈爱情的象征和代表。"阿南德自然坦荡的回答让儿子知道了爱与性的关系，也知道了自己是爱情的结晶。

阿南德还结合印度人熟悉的事物，向儿子解释了自慰、同性恋、大姨妈等性教育话题，不仅让孩子懂得了那些"敏感"的问题，还从小树立了正确的性观念。

和孩子谈性的过程，不仅仅只是生理知识的普及，更是爱、健康、安全、责任、忠诚、隐私等伦理道德的探讨。就像阿南德告诉儿子，如果没有生孩子的计划，那么这个过程需要小心，否则女人很可能会怀孕。与此同时，阿南德把防止意外怀孕和病毒入侵的安全套也给儿子做了解释，这也是国际通用的预防艾滋病性传播的"ABC"原则，让儿子有了安全、负责、健康的意识。

其实，"性"这个字本身的构造，也告诉了我们应该如何面对。

阿南德小时候也像帕普一样问过父亲同样的问题，而父亲并没有给他正确的答案。他决心要做爸爸，不做父亲。他要成为孩子真正的朋友，而不是做一个高高在上的"父亲"。

我也跟学生们说，我们不能选择我们的父母，但我们可以选择给我们的孩子一个怎样的父母。

后 记

生命里的美好

在写这本书的过程中,我时常会想起很多和儿子相处的时光。

1岁

你夜晚睡不安宁,我和你爸在夜里轮流抱着你。这段经历,后来经常出现在你的回忆里。

2岁

"北京、哈尔滨……"当一长串的城市名称按照天气预报的顺序从你嘴里说出时,你的专注和对地理的敏感让我们惊叹。

3岁

大夏天,在公园玩好后回家。走在路上,你累了,停下来叫我:"妈妈抱。"

我给你看我拿着伞和物品的双手:"妈妈的手没有空,你可以再坚持一下吗?"

"好。"

4岁

在小区玩,雨后的鹅卵石地有点滑,你摔破了眼角。

带你去医院缝针,伤口很深要清创,又不能打麻药。我看见小小的你躺在病床上,虽然害怕,但一声不吭、一动不动,连医生都说你很厉害。

5岁

"你来我们家干吗?"

你看着我:"我来我们家做宝。"

6岁

你从书柜里拿了一本书,说要看。

问你为什么要看,你指着书名说:"我喜欢这个名字。"

这本书的名字是《生命与教育》。

这两天去接你,你都在打扫教室。

"轮到你做值日了?"

"不是,只是觉得教室脏了。"

7岁

最近头痛得厉害,对你的耐心大打折扣。

刷牙时,你说:"妈妈,明天我拉琴你就不用管我了,我拉得不好的时候你再管,这样你的头痛就会好一些。"

"妈妈,虽然有时你会凶我,但我还是很爱你。"

"妈妈,我以后要造25层楼的房子给我们住,第25层是健身中心,1—24层放东西。"
"这么多房间,怎么打扫卫生啊?"
"我会帮你打扫的,那时你已经老了,再说我们也不会乱丢垃圾的。"

今天又冲你发大火了,睡前跟你道歉,你大度地说:"没关系。"

8岁

"妈妈,我以后想做出租车司机。"
"为什么呢?"
"这样我就可以带你们到处去玩。"
"你不是要载客人的吗?"
"我不用一直载客的啊。"

我到宁波开会,回来的火车上看到你在微信上发来的很多很多表情。

"然宝,你想表达什么?"

"喜欢你!"

9岁

记性不好,让你帮忙拿东西。

"哎——呀——,你天天让我伺候你。"

"你不觉得伺候妈妈是件幸福的事吗?"

"好吧。"

我拔了大牙。

你眉头微蹙:"你拔牙了?那是很痛的。牙齿要弄弄好,少说话,多休息。"

第二天,你轻轻地摸着我的脸:"哎呀,里面怎么空荡荡的!"

我们去山西旅行。

你说:"长大以后我还是做老师吧,这样暑假就可以带你们出去玩。"

爸爸说:"让你儿子以后给我做摄影模特。"

你说:"等他会识字了,我就跟他说'你爷爷要你做模特,你自己决定吧'。"

10岁

"我发现你真的有点黑啊。"
"要是在非洲,我已经算很白的了。"

下午接好你,照例总是说饿,饼干吃好,你拿着外包装走向垃圾箱。没想到脱手的瞬间,调皮的风又把它带了出来,顺着街沿流窜。929路下来一对老年人,阿婆见你弯着腰跟在后面追,有些爱怜亦有些嗔怪:"好了,掉也掉了,就不要了。"

阿爷看明白了:"他不是捡吃的,是拾垃圾,这个小孩蛮好的。"

我站在不远处,静静地看着你捡好再次走向垃圾箱的背影,我觉得生命中有你真好。

11岁

偶遇电视台采访

【你最感动的事】我很小很小的时候,夜里睡不安稳,很容易醒,妈妈曾经抱着我坐着睡了一

个通宵。爸爸那时要考试，晚睡早起，为了让我和妈妈睡得好，就一边抱着我一边看书复习。

【你最遗憾的事】爸爸陪我踢球，不小心滑倒，手腕骨折了。

12岁

天不亮就起来，天黑了才到家。三天考试结束后，你转战棋场。一天七场比赛，虽然下到最后一场，觉得脑子已经不好使了，但你还是坚持了下来，在国家级别上晋了一级，在个人名次上也进了一步。

奖品是一个保温杯。你说："这个杯子里面有茶漏，正好给爷爷泡茶。"

13岁

爸爸："你这次数学考试要是粗心的话，罚你给我洗一个月袜子。"

你："啊？！"

妈妈："如果你没粗心的话，让他给你洗一个礼拜袜子。"

你："可以可以。（立马醒悟）为什么我输了要洗一个月，他输了只洗一个礼拜？"

妈妈："因为学习是你的事不是他的事。"

"好吧,成交。"

成绩揭晓,恭喜爸爸喜提为儿洗袜一周。

14岁

"你老妈还可以吧?"

"还可以,不过你这种自吹不提倡。"

15岁

你长得和爸爸一样高了,也和爸爸一样呵护照顾我。

谢谢你为我打开一个全新的生命世界,在学习如何做母亲和与你共处的时间里,我的生命有了全新的感受和力量。也谢谢我的先生,他是一个好队友、好父亲。在儿子的成长过程中,他付出了很多,陪伴再陪伴。在我性子一急,把心理学全抛到脑后的时候,他用他的耐心、沉稳和包容,稳住了亲子关系的小船。

感谢米雷和乐驰一家友情参与了本书的写作。米雷(王泰然)和乐驰(王泰来)是复旦大学第二附属学校的学生,他们的妈妈——罗吾民老师——是我多年好友。书中选用了他们记录生活的练笔,从他们的文笔和图画中,我们可以感受到父母用心养育孩子的智慧和亲子间、兄弟间浓浓的爱。

感谢上海市尚文中学的何瑾洁同学,为本书画了可爱的插图。还有妮妮、小如、小苇等小朋友和他们的父母,提供了许多写作的素材,一并致谢。

和孩子一起成长,是为人父母的美好。